초등학생이 꼭 알아야 할

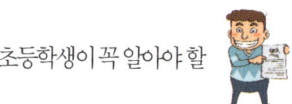

스스로 혼자 하는 초등 공부법

초등학생이 꼭 알아야 할
스스로 혼자 하는
초등 공부법

| 글쓴이 | 문재현 |
| 그린이 | 고센 |

| 발 행 | 2022년 1월 20일 |

펴낸이	오동섭
펴낸곳	대일출판사
주 소	서울특별시 동대문구 하정로 42(신설동) 옥도빌딩 3층
전 화	02-766-2331~3
팩 스	02-745-7883
등 록	제 1-87호(1972. 10. 16.)
디자인	정글북

ⓒ 대일출판사
ISBN 89-7795-571-4 73800

이 책에 실린 글, 그림은 저작권자의 동의 없이 무단 전재나 복제를 할 수 없습니다.
잘못 만들어진 책은 구입하신 서점에서 바꿔 드립니다.

대일출판사는 아이와 같은 순수함으로 좋은 책을 만듭니다.
해맑은 아이의 웃음을 책에 담습니다.

초등학생이 꼭 알아야 할

스스로 혼자 하는
초등
공부법

글 문재현 | 그림 고센

대일출판사

들어가는 말

승철이는 노래를 무척 좋아했다. 웬만한 노래는 두세 번만 들으면 콧노래로 흥얼거릴 수 있고, 인기 가수 대여섯 명 정도는 거의 완벽하게 모창까지 소화해 내는 끼도 갖추고 있었다.

또한 같은 학년 친구들에 비해 키가 큰 편이고 운동신경도 발달해, 소풍을 가거나 운동회를 할 때면 늘 최고의 인기를 누리곤 했다. 게다가 성격까지 활달한 편이어서 어디를 가든 주변에 친구들이 모여들었다.

그런데 문제는 공부였다. 그렇다고 공부를 못하는 편에 속한 것은 아니었지만, 승철이는 자신이 왜 재미없는 공부를 해야 하는지 알 수가 없었다. 국어는 우리가 평소에 쓰는 말이니 공부할 필요가 없을 듯싶었고, 수학은 물건을 사고 팔 때 거스름 돈을 주고받을 수 있을 정도면 되는 게 아니냐는 등의 생각이 들었던 것이다.

그런 생각에 빠져있던 승철이는 얼마 전, 퇴근해 들어오신 아버지를 붙잡고 밑도 끝도 없는 얘기를 불쑥 꺼냈다.

"아빠, 저는 자연인이 되어 살고 싶어요!"

"뭐? 자연인?"

승철이의 느닷없는 말에 아버지는 잠시 당혹스러운 표정을 지었다.

"타잔이나 모글리처럼 자연과 함께 살면 행복할 거 같아요."

"그래? 그럼 그렇게 살아야지, 뭐. 아들이 행복하게 살고 싶다는데 반대할 이유가 없지."

아버지는 금세 평정을 되찾고는 입가에 미소를 머금었다. 어쩌면 그동안 승철이가 시도 때도 없이 엉뚱한 얘기를 꺼낸 적이 한두 번이 아니었기 때문에 그런 일에는 이제 충분한 연습이 되었는지도 모를 일이었다.

"그럼 허락하시는 거예요?"

"당연하지, 허락하고말고. 그런데 엄마하고는 얘기해 봤니?"

"아니오, 아직 못했어요."

"그래? 그럼 아빠가 얘기해 줄게. 그건 그렇고, 언제부터 자연인으로 살 생각인지 궁금하구나."

"엄마 아빠께서 허락만 해주신다면, 저는 지금 당장부터라도 그렇게 살고 싶은데요."

"음, 그래? 그렇구나."

의외로 아버지는 선선히 승낙을 해 주셨다. 하긴 아버지는 아주 어렸을 때부터 승철이가 하고자 하는 일을 반대하신 적이 없었다. 또한 공부하라고 잔소리를 하신 적도 없었다. 다만 아침 일찍 일어나 함께 하는 조깅만큼은 승철이가 아무리 투정을 부려도 고개를 저을 뿐이었다.
"그럼 지금부터 공부 안 해도 되는 거예요?"
"너 편할 대로 하려무나. 타잔이나 모글리도 영어, 수학, 과학을 공부하지는 않았겠지."
"그럼 지금부터 컴퓨터 게임 해도 괜찮아요?"
"컴퓨터 게임? 글쎄다. 이 아빠 생각에 네가 그걸 하면 안 될 거 같은데."
승철이는 의외라는 생각에 아버지를 바라보았다. 아버지 얼굴에는 여전히 엷은 미소가 스며 있었다.
"왜 안 되는 건데요?"
"한 번 생각해 보렴. 깊은 숲 속에서 자연인으로 살았던 타잔이나 모글리는 오직 자연이 제공하는 것들만을 이용했잖니? 사람들이 공부하고 연구해서 만들어 내거나 발명한 물건들은 사용하지 않았어. 그러니 너도 자연인으로 살려면 컴퓨터 게임이 문제가 아니라, 입고 있는 그 옷부터 벗어야 하지 않겠니? 그리고 나뭇잎이나 동물 가죽으로 네 고추를 가려야 옳을 듯싶은데."
"예?"

화들짝 놀란 승철이는 냉장고를 열었다. 시원한 물이라도 한 모금 마시면 어느 정도 진정이 될 것 같았기 때문이었다.
"너는 냉장고도 사용할 수 없어. 네가 들고 있는 컵도 마찬가지고……. 냉장고나 컵 역시 사람들이 만들어 놓은 것들 아니냐. 그러니 목이 마르면 뒷산 약수터에 가서 손으로 받아 마셔야 옳지. 혹시 거기에 표주박이 달려 있다면 모르겠지만, 플라스틱 바가지가 있으면 그것도 사용하면 안 돼."
"아빠, 나 자연인 안 할래요!"
승철이는 결국 자연인으로 살고 싶은 꿈을 스스로 포기할 수밖에 없었다. 그나마 다행스러운 것은 아버지가 그 일에 관해 엄마한테는 비밀을 지켜주기로 한 것이었다.

1장 스스로 공부하는 습관 만들기

001	공부방 정리하기	14
002	무조건 다 치우는 건 좋지 않아	16
003	내 방은 이렇게 정리정돈 했어요	18
004	일과표 작성하기	20
005	무리한 계획은 실패하기 마련	22
006	실천하기 위한 나만의 일과표	24
007	주변 사람들에게 도움받기	26
008	나만의 메모장 만들기	28
009	나는 이렇게 메모장을 활용해요	30
010	끊임없이 질문하기	32
011	질문과 메모장 정리	34
012	내 질문을 받아주는 사람들	36
013	중요 과목 예습하기	38
014	암기 과목 예습하기	40
015	나만의 예습 방법	42
016	꼼꼼하게 수업 듣기	44
017	수업에 집중하기	46
018	나의 수업 태도	48
019	복습하기	50
020	공부 마치고 놀기	52
021	나만의 복습 방법	54
022	노는 것도 공부다	56
023	놀 때는 화끈하게 놀자	58
024	나만의 공부 집중법	60

2장 국어로 기선잡기

- 025 모든 과목의 기본은 국어 ·················· 64
- 026 국어는 내 친구 ·························· 66
- 027 국어 성적 올리는 나만의 방법 ············· 68
- 028 남아수독오거서 ························· 70
- 029 책읽기와 독후감 ························ 72
- 030 나만의 독서 노하우 ····················· 74
- 031 효과적으로 책읽기 1 ···················· 76
- 032 훑어보기 ······························ 78
- 033 나의 독서 노트 1 ······················ 80
- 034 효과적으로 책읽기 2 ··················· 82
- 035 질문하기 ····························· 84
- 036 나의 독서 노트 2 ····················· 86
- 037 효과적으로 책읽기 3 ·················· 88
- 038 자세히 읽기 ·························· 90
- 039 나의 독서 노트 3 ···················· 92
- 040 효과적으로 책읽기 4 ················· 94
- 041 되새기기 ···························· 96
- 042 나의 독서 노트 4 ··················· 98
- 043 효과적으로 책읽기 5 ················ 100
- 044 다시 보기 ·························· 102
- 045 나의 독서 노트 5 ··················· 104

3장 수학이랑 뒹굴자

046 수학 땜에 머리가 아파? ··················· 108
047 그렇다면 차라리 좋아해버려! ··········· 110
048 수학과 친구하기 ······························· 112
049 예습이냐 복습이냐! ·························· 114
050 그것이 문제로다! ······························· 116
051 나는 복습을 선택했어! ···················· 118
052 잘못된 예습 습관 ······························· 120
053 효과적인 예습 방법 ·························· 122
054 내가 하는 수학 예습 ························ 124
055 다양한 길이 있는 수학 ···················· 126
056 정답보다 풀이 과정이 더 중요해 ····· 128
057 내가 하는 수학 예습 2 ···················· 130
058 모르면 무조건 질문하자 ·················· 132
059 하나를 알면 서너 개를 깨우칠 수 있는 수학 ···· 134
060 나는 질문 노트를 만들었어! ··········· 136
061 수학은 손으로 푸는 거야 ················ 138
062 반드시 연습장을 준비하자 ·············· 140
063 내가 쓰는 수학 연습장 ···················· 142
064 무조건 외우려하지 마 ······················ 144
065 먼저 이해부터 하는 거야! ··············· 146
066 암기와 이해의 차이점 ······················ 148
067 쉬운 문제부터 시작하자 ·················· 150
068 자신의 수준을 먼저 알아야 ············ 152
069 교과서와 문제집 하나면 끝! ··········· 154

4장 영어가 쉬워졌어요!

070	무조건 듣자!	158
071	듣고 또 듣자!	160
072	자막 없는 만화영화 보기	162
073	자막 없는 영화 보기	164
074	영화 보고 따라하기	166
075	영화 보기도 공부야!	168
076	단어보다는 문장을 익히자	170
077	익힌 문장은 활용하자	172
078	알고 있는 문장 활용하기	174
079	외국인과의 대화를 두려워하지 말자	176
080	일단 부딪쳐 보는 거야!	178
081	외국인에게 길 안내하기	180
082	영어사전이랑 놀자	182
083	사전은 단어장이 아니야!	184
084	사전이랑 친구하기	186
085	단어장을 만들자	188
086	단어장의 중요성	190
087	단어장 활용법	192
088	영어공부에서 욕심은 금물!	194
089	영어는 꾸준한 노력밖에 없다	196
090	간단한 문장, 영어로 만들기	198

제 1장

스스로 공부하는 습관 만들기

- 001 　공부방 정리하기
- 002 　무조건 다 치우는 건 좋지 않아
- 003 　내 방은 이렇게 정리정돈 했어요
- 004 　일과표 작성하기
- 005 　무리한 계획은 실패하기 마련
- 006 　실천하기 위한 나만의 일과표
- 007 　주변 사람들에게 도움받기
- 008 　나만의 메모장 만들기
- 009 　나는 이렇게 메모장을 활용해요
- 010 　끊임없이 질문하기
- 011 　질문과 메모장 정리
- 012 　내 질문을 받아주는 사람들
- 013 　중요 과목 예습하기
- 014 　암기 과목 예습하기
- 015 　나만의 예습 방법
- 016 　꼼꼼하게 수업 듣기
- 017 　수업에 집중하기
- 018 　나의 수업 태도
- 019 　복습하기
- 020 　공부 마치고 놀기
- 021 　나만의 복습 방법
- 022 　노는 것도 공부다
- 023 　놀 때는 화끈하게 놀자
- 024 　나만의 공부 집중법

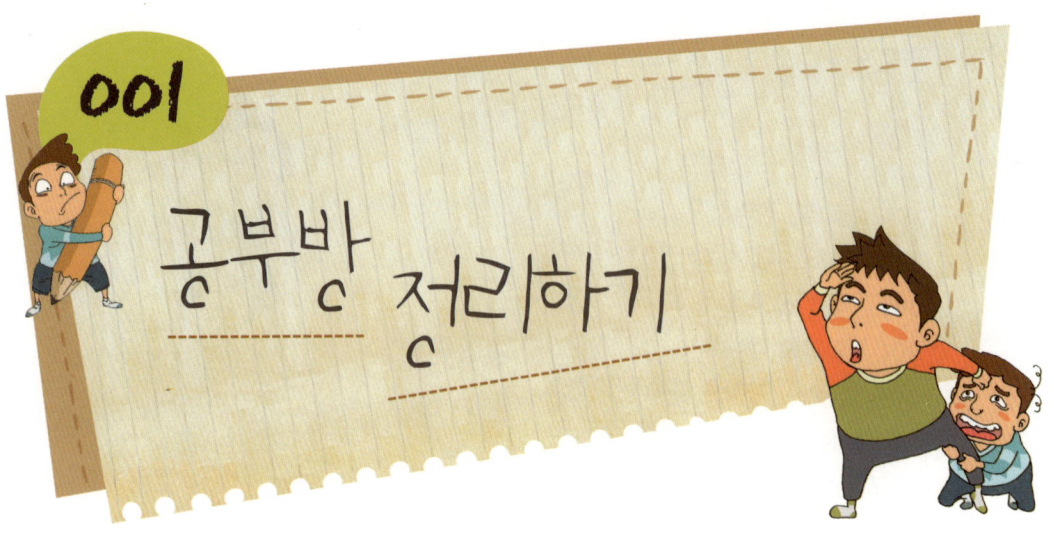

001
공부방 정리하기

자연인으로 살겠다는 생각을 포기한 승철이는 공부를 하기로 마음먹었다. 그날, 아버지는 욕심을 부리지 말라고 하셨다. 무리한 계획은 실패할 수밖에 없다는 것이었다. 곰곰이 생각한 끝에 승철이는 공부를 시작하기 전에 방부터 정리하기로 했다.

"엄마, 제 방에 있는 컴퓨터를 거실로 내놓으면 안 될까요?"

"컴퓨터를 거실로?"

승철이는 모처럼 한가한 주말을 보내고 계시는 엄마의 휴식을 방해하는 것 같아 죄송한 마음이 들었다.

"예."

"엄마야 대 환영이지. 그런데 우리 아들이 웬일이실까? 그토록 애지중지하던 컴퓨터를 밖으로 내놓겠다니……."

"그 대신 게임을 하고 싶으면 시간을 정해놓고 거실에서 할게요. 괜찮죠?"

"그럼, 괜찮고말고! 아무래도 오늘 저녁엔 이 엄마가 갖고 있는 요리솜씨를 최대한 발휘해야 되겠구나. 아이구, 이쁜 내 아들!"

엄마는 콧노래를 부르며 주방으로 향했다. 그리고 아버지는 한 쪽 눈을 찡긋 하시더니, 곧 컴퓨터를 거실로 옮겨 주셨다.

"공간이 넓어지니 훨씬 시원해 보이는구나. 책상 정리는 네 스스로 하는 것이 좋겠다. 나는 이제 나가도 되겠지?"

"네, 아빠."

승철이는 곧 공부방을 정리하기 시작했다. 우선 벽에 붙어있는 게임 관련 브로마이드부터 떼어냈다. 그리고 교과서와 공책, 참고서들을 정리하고, 책상 위에 너저분하게 널려있던 갖가지 인쇄물들을 깔끔하게 치웠다.

그날 승철이는 난생 처음으로 방청소를 했다. 쓸고 닦기를 서너 차례 반복하고 나자 방바닥이 반짝반짝 빛나는 것만 같았다. 한차례 땀을 흘리고 난 후, 샤워까지 하고 책상 앞에 앉아보니 기분이 날아갈 듯했다.

'그래, 이제 시작하는 거야! 운동도 잘하고 노래도 잘하는 내가 공부라고 해서 못할 게 없지!'

어느새 승철이의 두 주먹은 불끈 쥐어져 있었다.

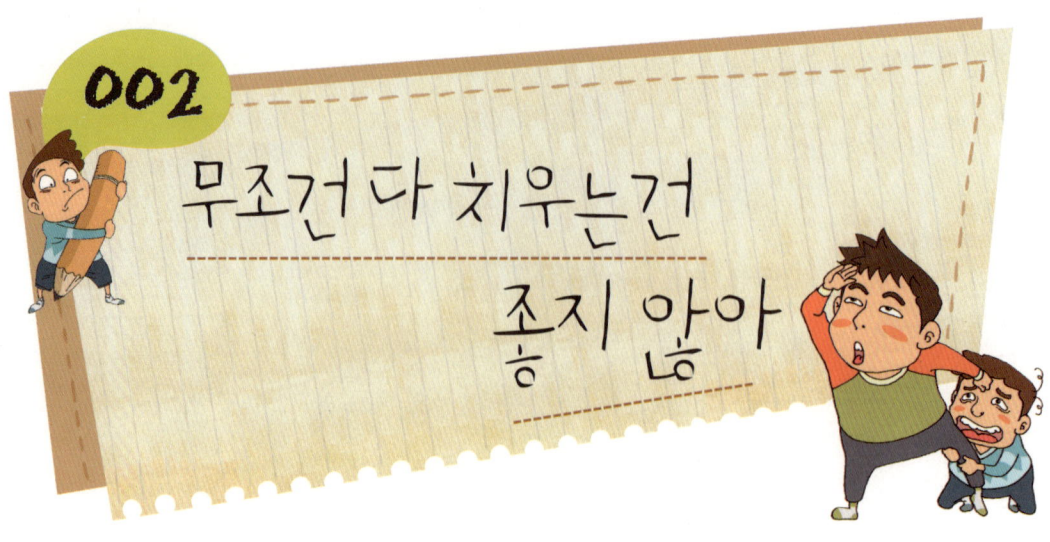

002 무조건 다 치우는건 좋지 않아

"승철아, 그렇다고 네가 좋아하는 잡지까지 다 없앨 필요는 없어."

열심히 방을 치우고 있는 승철이를 향해 아버지가 말씀하셨다. 승철이는 이해가 되지 않는다는 듯한 표정으로 아버지를 바라보았다. 기왕에 공부를 하려면 조금이라도 방해가 될만한 것들은 눈에 보이지 않는 것이 효과적일 것이기 때문이었다.

"그게 무슨 말씀이에요?"
"아무리 학생이지만, 공부만 하면서 살 수는 없잖니?"
"예?"
"그렇게 다 치워버리면 휴식시간이 무료해지지 않겠니?"
"그렇긴 하지만……."
"아빠는 최소한 쉬는 시간에 볼만한 것들은 남겨두는 게 좋겠다는 생각이 드는구나."

아버지는 공부도 중요하지만, 취미생활 역시 공부만큼 중요하다고 말씀하셨다. 따라서 학교 성적이나 교과목과는 크게 상관없는 것들이라 할지라도 관심을 갖고 있는 분야의 책들은 남겨두라는 것이었다.

"그 대신 공부하는 시간과 쉬는 시간을 철저하게 나누어서 운용하기만 하면 된다는 말씀이네요."

"그렇지. 공부 시간에는 집중해서 확실하게 하고, 놀 때는 또 열심히 노는 거야. 운동도 게임도 열심히 하는 거지."

"알았어요, 아빠. 그렇게 할게요."

"아빠는 우리 승철이를 믿는다."

아버지가 승철이의 머리를 쓰다듬어 주셨다. 승철이는 아버지의 응원에 힘이 솟았다. 그리고 아버지가 무조건 공부만을 외치는 사람이 아니라는 사실이 너무나 자랑스러웠다.

003 내 방은 이렇게 정리정돈 했어요

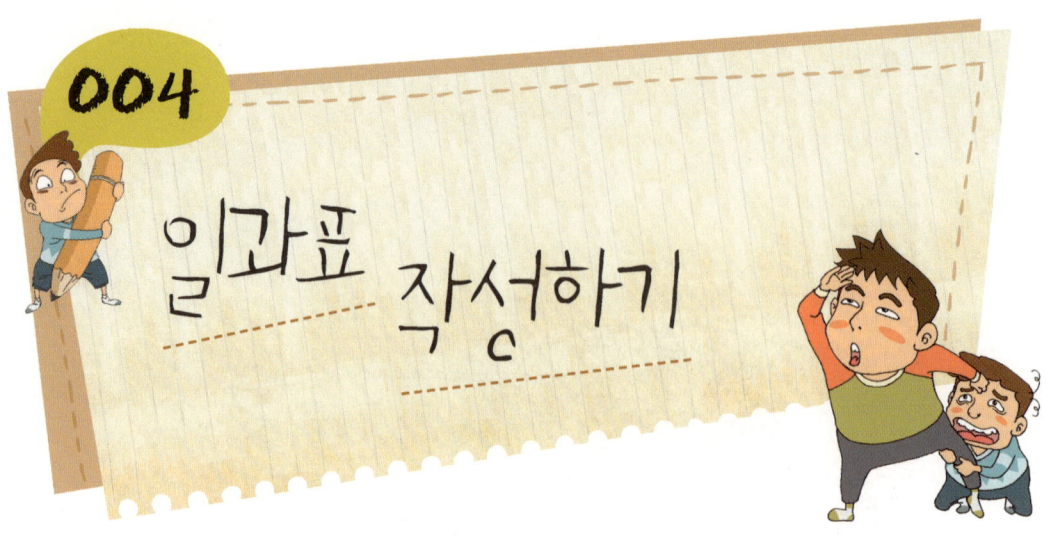

004 일과표 작성하기

승철이는 지금껏 한 번도 일과표를 만들어 본 적이 없었다. 그래서 엄마의 도움을 받기로 했다. 그런데 어찌된 셈인지 그동안 귀에 인이 박힐 정도로 '공부하라'는 말만 반복했던 엄마의 태도가 완전히 바뀌어 있었다.

"학교 다녀와서 한 시간은 무조건 열심히 노는 거야."

"엄마! 그래도 돼요?"

승철이는 놀라지 않을 수 없었다. 그동안 학교에서 돌아올 시간이 되면 반드시 전화를 해서 공부를 하고 있는지, 아니면 놀고 있는지 확인하곤 했던 엄마였기 때문이었다.

"당연하지. 학교에서 종일토록 공부하고 왔으니 한 시간 정도는 놀아도 괜찮지 않겠니? 그리고 나서 시원하게 샤워한 다음 책상 앞에 앉으면 집중력이 훨씬 더 증가할 거야."

"우와, 우리 엄마 멋지다!"

"그리고 무엇보다 중요한 것은 스스로 지킬 수 있는 계획표를 만드는 거야."

"지킬 수 있는 계획표?"

"공부하는 시간만으로 도배한 계획표는 바람직하지 않다는 말이야."

"그러면 노는 시간을 많이 넣어도 되는 거예요?"

"시간의 많고 적음이 문제가 아니라, 네가 그 계획표를 제대로 지킬 수 있느냐가 가장 중요해."

"그러니까 지킬 수 있는 계획을 세워라, 그 말씀이네요."

"그래, 그건 너 스스로와의 약속이니까……. 그러니 잘 생각해 보고 계획표를 짜야 하는 거야."

"알았어요. 그렇게 할게요."

승철이는 다시 한번 깊은 생각에 빠졌다.

무작정 계획을 세우는 것이 아니라, 실천할 수 있는 계획표를 만들어야 했기 때문이었다.

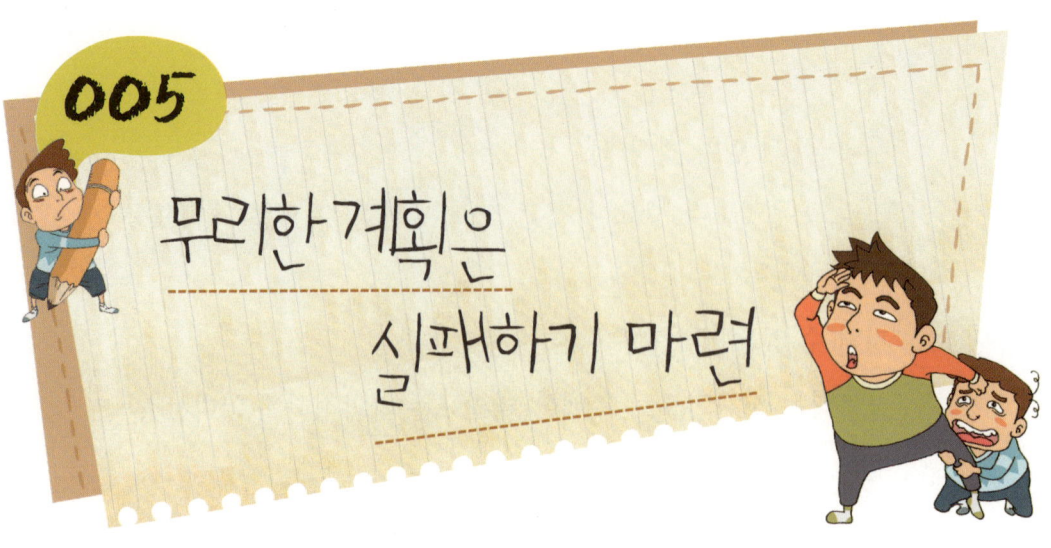

005 무리한 계획은 실패하기 마련

'역시 우리 엄마 아빠는 통하는 데가 있는 분들이라니깐!'

승철이는 부모님이 더욱 자랑스러웠다. 그 어떤 부모님들보다 아들을 이해하는 마음이 크다는 사실을 다시 한번 느꼈기 때문이었다.

"이 세상에서 공부하기를 좋아하는 사람은 그다지 많지 않아."

엄마 역시 아버지와 같은 얘기를 하셨다. 무리한 시간계획은 지켜질 수 없기 때문에 시작하지 않는 편이 오히려 낫다는 것이었다. 그 대신 지킬 수 있는 계획표를 만들고, 그것을 정확하게 지켜나가면 학습의 성과는 물론 자신감까지 저절로 가질 수 있기 때문에 일거양득이라고 했다.

"누구나 꿈을 이루기 위해 열심히 공부하는 거야. 그러니 승철아, 기왕에 할 거라면 스스로 정해놓은 그 시간동안 최선을 다하는 게 좋지 않겠니?"

"나도 그렇게 하고 싶어요."

"그래, 넌 할 수 있어. 우리 승철이가 어떤 아이인데 그 정도를 못하겠니?"

"……."

쑥스러움 때문에 아무 대꾸도 하지 않았지만, 엄마의 칭찬에 승철이는 괜히 어깨가 으쓱해졌다. 그리고 정말로 해낼 수 있을 것만 같은 자신감이 생겼다. 엄마의 전폭적인 믿음을 확인한 순간 가슴 한쪽 구석에서 생겨난 전류가 온몸으로 퍼졌다.

일과표상 공부는 오후에 한 시간 반, 저녁 먹고 나서 두 시간이 전부였다. 엄마는 나머지 시간은 알아서 쓰라고 하셨다. 그다지 버겁지 않은 일과표는 그렇게 완성되었다.

열심히 놀기.

집중해서 공부하기.

열심히 놀기.

그리고, 하루 공부 정리하기…….

승철이에게는 이제 그 일과표에 따라 실천하는 일만 남아있었다.

006 실천하기 위한 나만의 일과표

24

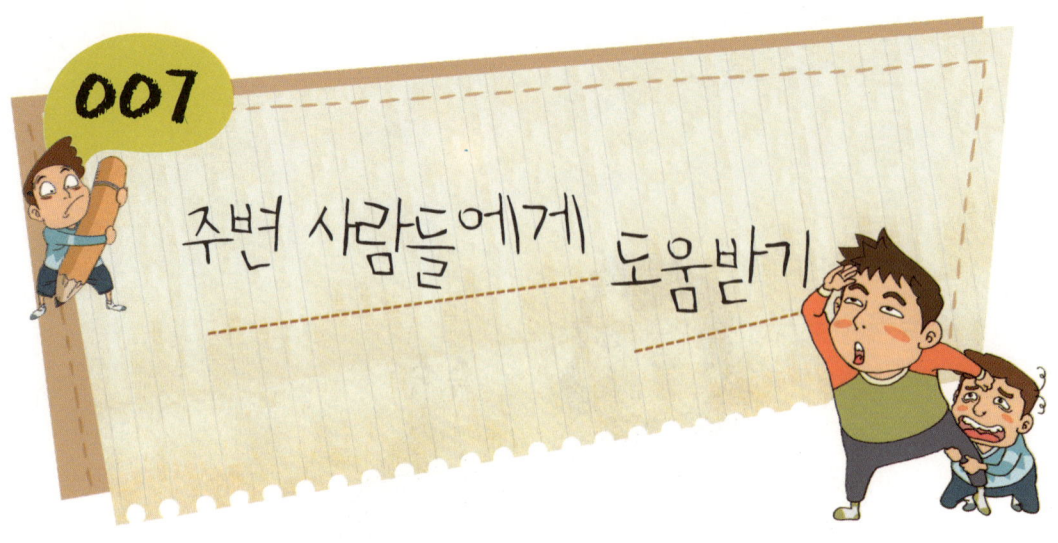

007 주변 사람들에게 도움받기

늘 그랬던 것처럼 겨울방학과 함께 대전에 살고 있는 큰집 사촌 승우 형이 승철이네 집으로 올라와 함께 살게 되었다. 고등학교 1학년인 승우 형은 모든 친척들의 칭찬을 한 몸에 받는 모범생이었다.

'형만 오면 왜 나 자신이 자꾸만 초라하게 느껴질까? 잘못한 것도 없으면서 슬슬 눈치가 보이기도 하고……'

형이 온다는 얘기를 들은 승철이는 마음속으로 슬며시 부담을 느꼈다. 승우 형은 워낙 공부를 잘하는데다가, 동생인 자신이 봐도 나무랄 데 없는 사람인것 같았다.

하지만 승철이는 곧 마음을 고쳐먹었다.

'그래, 형이 갖고 있는 모든 장점을 배우는 거야! 하나밖에 없는 사촌동생이 공부를 하겠다는데, 설마 모르는 척 하겠어?'

이번 기회에 승우 형에게 공부하는 방법을 배워 부모님을 비롯한 주변 사람들을 깜짝 놀라게 해주고 싶은 욕심이 생겼다.

'우선 형한테 잘 보일 필요가 있어!'

승철이는 일부러 아버지를 따라 서울 역까지 마중을 나갔다. 그리고 형을 발견하자마자 달려가 가방을 들어주는 등, 스스로 할 수 있는 최대한의 서비스를 제공했다.

짐을 다 싣고 집으로 향하는 차 안에서 형이 입을 열었다.

"작은아빠, 승철이가 오늘따라 영 달라 보이는데요?"

"그러니? 난 별로 모르겠는데……."

대답을 하는 아버지의 입가에 엷은 미소가 번졌다. 승철이는 아버지가 어쩌면 자신의 속마음을 알고 있는지도 모른다는 생각이 들어 얼굴이 화끈 달아올랐다.

"지난 여름방학 때만 해도 투덜거리기 대장이었거든요."

"……!"

승철이는 속으로 움찔했다.

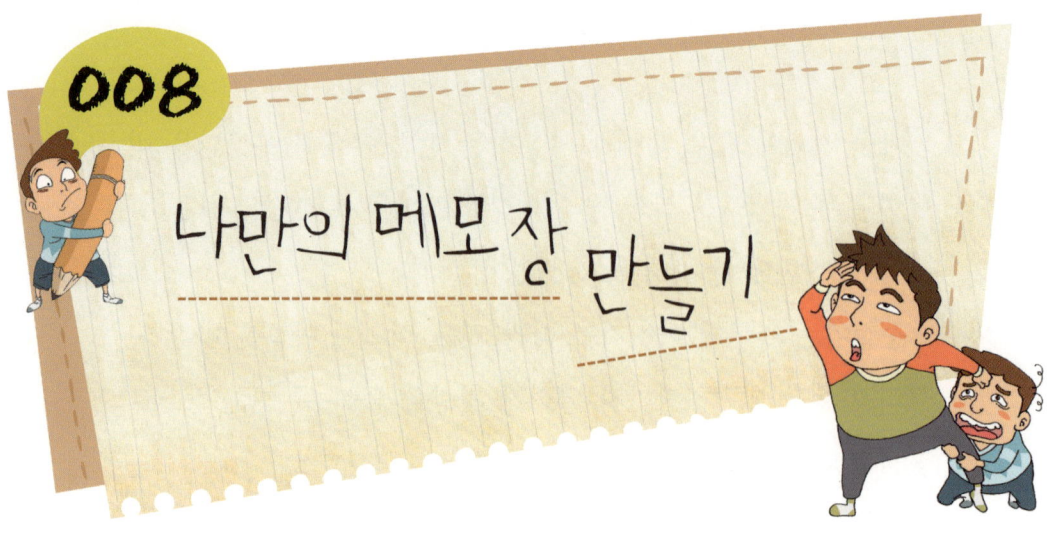

008 나만의 메모장 만들기

　집에 도착해 한참이 지난 후에야 승우 형의 책과 옷가지 정리가 끝났다. 승철이는 여전히 승우 형을 졸졸 따라다니며 자질구레한 심부름을 해 주었다. 모든 정리가 끝나자 승철이는 재빨리 시원한 음료수를 탁자에 갖다놓고는 형 옆에 앉았다.
　"형, 목마르지? 얼른 마셔."
　"고맙구나."
　승우 형이 음료수를 다 마시자 승철이가 입을 열었다.
　"형, 어떻게 하면 공부를 잘할 수 있어?"
　"뭐? 지금 너 공부라고 했니?"
　승우 형이 뜨악한 표정으로 되물었다.
　"응."
　"네가 공부를 잘하고 싶다고?"

승철이가 대답을 하기도 전에 승우 형이 웃기 시작했다. 유치원에 다니기 전부터 공부하고는 담을 쌓다시피 하고 살았던 승철을 누구보다 잘 알고 있었기 때문이었다.

하지만 승우 형의 웃음은 곧 멈추었다. 정색을 하고 자신을 쳐다보고 있는 동생의 진지한 표정을 보았던 것이다.

"그걸 알고 싶어서 갑자기 친절해 진거냐?"

"꼭 그런 건 아니고……."

"어쨌든 좋아. 정말로 공부를 잘하고 싶으면 너만의 메모장을 만들어봐."

"뭘 기록하는 메모장을 말하는 거야?"

"네가 알고 싶은 것들, 이해되지 않은 것들을 적어두는 메모장 말야."

언제 어디서든 궁금한 것이 생기면 그 메모장에 적어두었다가 기회가 생길 때마다 인터넷 검색으로 알아보거나 선생님께 물어보라는 것이었다.

"그러면 공부를 잘할 수 있어?"

"그럼, 당연하지. 네 앞에 있는 이 형의 성적표가 증명해 주고 있잖아!"

승철이는 고개를 끄덕이지 않을 수 없었다.

009 나는 이렇게 메모장을 활용해요

2007년 8월 29일

궁금한 내용

똥은 왜 지독한 냄새가 날까?

이유

화장실에서 똥싸다 냄새에 질려서

대답한 사람

승우형

궁금증 해결

입을 통해 섭취한 음식물이 몸속에 들어가 각종 효소들에 의해 분해되면서 썩기 때문에

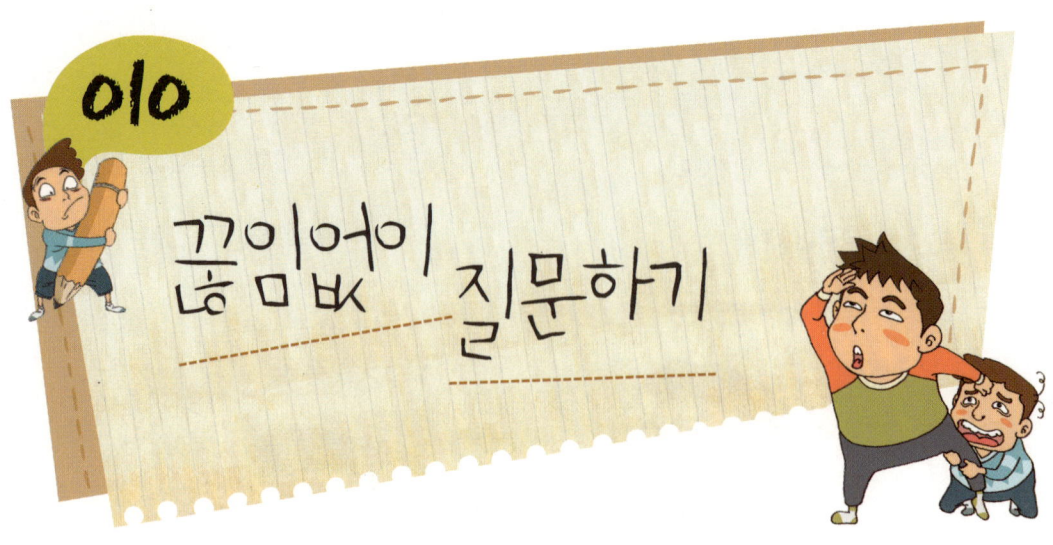

010 끊임없이 질문하기

　승철이는 당장 문방구로 달려갔다. 그리고 펜을 끼울 수 있는 조그만 공책 한 권을 샀다. 그런데 궁금한 것들을 메모해야 된다고 생각한 순간부터 세상이 온통 모르는 것들로만 채워져 있는 듯싶었다.

　'우와, 내가 모르는 것들이 왜 이리도 많냐?'

　하지만 승우 형은 무조건 메모를 해두라고 했다. 그리고 반드시 그 해답을 찾아야 한다고 했다. 그런데 시간이 흐르면서 승우 형이 예상했던 것처럼 공부하고는 상관없는 내용들이 메모장을 채워가기 시작했다.

　그리고 며칠이 지난 어느 날, 승우 형이 물었다.

　"메모는 잘 되어가니?"

"응."

"그냥 메모만 하고 끝나는 거야?"

"아직 방학 중이라 선생님을 만날 수도 없고 해서……."

"내 그럴 줄 알았어. 그래서 물어본 거야."

"……."

승우 형은 놀랍게도 메모장을 보지 않고도 어떤 내용이 적혀져 있는지 거의 다 알고 있었다. 승철이는 그런 형의 능력이 그저 놀랍기만 했다.

"형, 그걸 어떻게 다 알아?"

"당연히 알 수밖에 없지."

"내 맘을 형이 어떻게 당연히 알 수가 있어?"

"나도 너처럼 초등학교 5학년 때가 있었잖아."

"……."

"그 때 내가 궁금해 했던 것들을 지금은 네가 궁금해 하지 않겠니?"

"아, 그렇구나!"

어쨌든 형은 어떤 방법으로든 궁금증을 바로바로 해결하라고 했다. 그것이 가장 바람직하다는 것이었다.

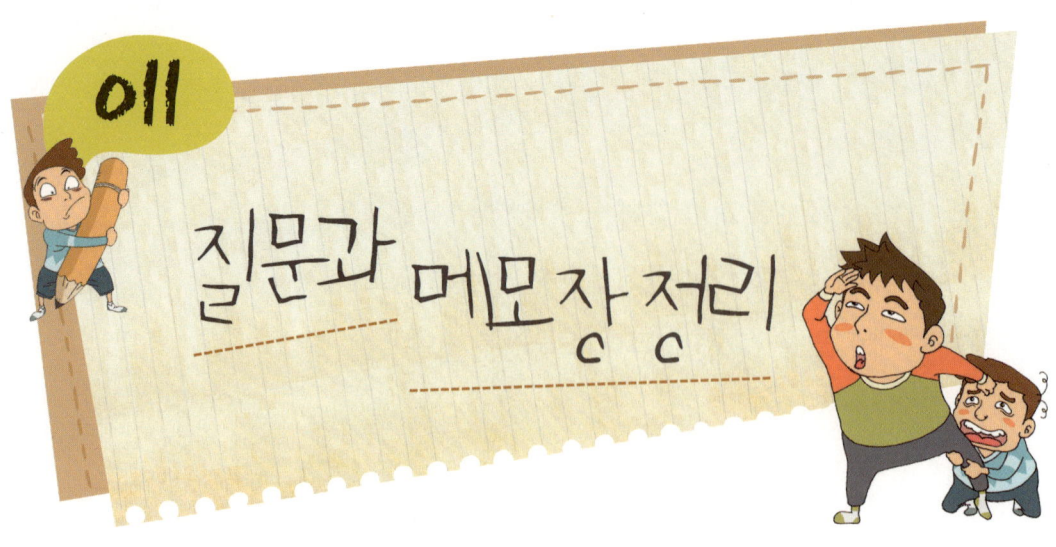

예 질문과 메모장 정리

"우선 내가 있잖아?"

"형한테 질문해도 괜찮아?"

"넌 내가 네 질문에 대답도 못할 사람처럼 무식해 보이니?"

"그런 건 아니지만……."

"언제든 좋으니까 궁금한 것이 있거든 물어봐."

"알았어. 앞으로는 그럴게."

승우 형 말에 따르면 초등학교 5학년인 승철이가 궁금해 하는, 또는 알고 싶어 하는 정도의 궁금증 정도는 고등학교 1학년인 자신도 풀어줄 수 있다고 했다. 그리고 부모님께 여쭤 봐도 해결할 수 있는 문제들 아니겠냐는 것이었다.

"아직 익숙해지지 않아서, 많이 어색해."

"그래, 네 마음 충분히 이해한다. 하지만 질문하는 것도 습관이야. 자꾸 미루다 보면 결국은 그냥 지나치고 말 거야. 그날그날 해결하고 지나가는 게 가장 바람직하더라."

"알았어, 형!"

"완벽하게 믿을 수 있는 정보가 아닐 수도 있다는 단점이 있기는 하지만, 인터넷 검색도 잘 활용하면 큰 도움이 될 거야."

승우 형은 질문하는 것을 주저하지 않는다고 했다. 뭔가 궁금한 것이 생기면 그것을 가장 잘 알 수 있는 사람에게 무조건 묻는다는 것이었다.

"해답을 얻으면 네 의견까지 메모장에 정리를 해봐."

"이러다가 내가 혹시 만물박사 되는 거 아냐?"

"누가 말리겠냐?"

몰라서 묻는 것은 절대로 창피한 일이 아니라고 했다. 오히려 모르면서도 아는 척하는 것이 부끄러운 행동이라는 것이었다. 승철이는 승우 형의 말에 자신도 모르게 고개를 끄덕였다.

012 내 질문을 받아주는 사람들

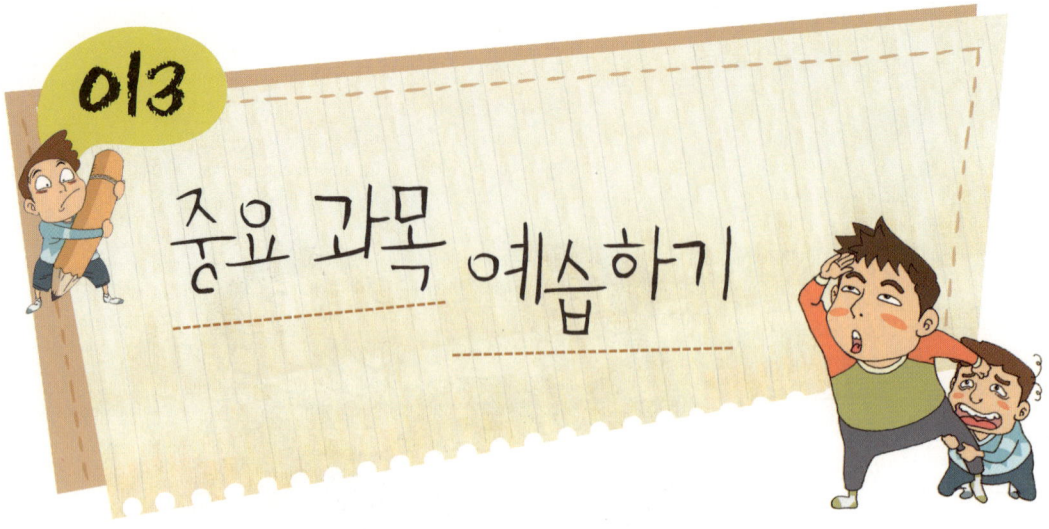

013 중요 과목 예습하기

금세 짜증을 내며 시들해질 줄만 알았던 승철이의 결심이 시간이 흐를수록 오히려 더욱 굳어져가자, 승우 형은 본격적으로 자신의 공부 방법을 알려주기 시작했다.

"나는 요즘 우리 승철이가 자랑스럽다."

"정말? 정말로 그렇게 생각해?"

"그럼. 그래서 오늘부터는 내 공부 방법을 네게 알려주려고 해."

"고마워, 형!"

승철이는 승우 형이 고마웠다. 자신의 시간을 쪼개 언제나 차분하고 친절하게 자신을 도와주는 형이 한없이 고마울 뿐이었다.

"사람마다 공부하는 방법이 달라서 개인에 따라 다소간의 차이는 있겠지만, 나는 예습하는 시간이 비교적 짧은 편이야."

"왜 그렇게 정했는데?"

"모르는 문제를 놓고 오랜 시간 동안 낑낑거리는 것은 시간을 허비할 뿐만 아니라, 내 정신건강에도 좋지 않다는 생각을 했기 때문이지."

"무슨 말인지 잘 모르겠다, 형!"

예습이란 아직 배우지 않은 부분을 미리 살펴보는 과정이기 때문에 이해되지 않은 부분이 많을 수밖에 없다고 했다. 따라서 그 부분을 모두 해결하려고 들면 너무 많은 시간과 노력이 필요할 수밖에 없을 것이었다.

"어차피 내일이면 배울 단원이기 때문에, 내가 어떤 부분에서 문제 해결의 실마리를 풀지 못했는지 파악만 하는 거야. 그런 상태에서 수업을 들으면 나도 모르게 집중이 되거든. 내가 궁금했던 부분을 선생님께서 해결해 주고 계시니까 말야."

승우 형이 하는 예습 방법은 자기 자신이 어떤 부분을 모르는지, 어떤 부분에서 막히게 되는지를 정확하게 파악하는 작업이라고 했다. 그리고 나머지는 수업시간에 해결을 한다는 것이었다.

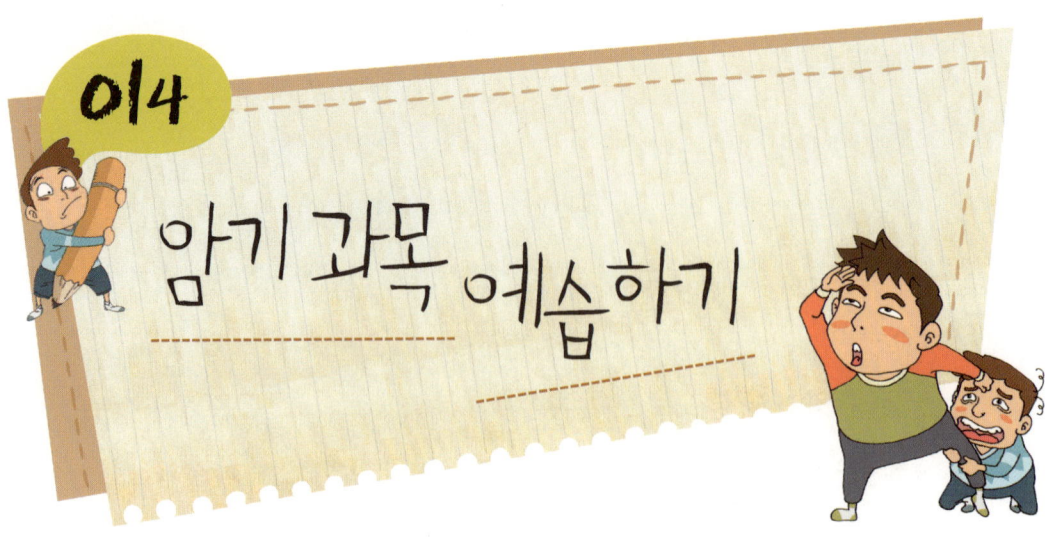

014
암기 과목 예습하기

 승철이는 승우 형이 하는 모든 예습이 그런 형식을 취하고 있는지가 궁금했다. 각 과목의 성격에 따라 공부하는 방법이 다를 수도 있을 것이기 때문이었다.
 "모든 과목을 다 그렇게 예습하는 거야?"
 "아니, 우리가 흔히 암기 과목이라고 부르는 과목들은 방법이 좀 달라."
 승철이가 예상한 대로였다.
 "어떻게 다른데?"
 "먼저 내가 예습할 부분의 제목을 훑어보는 거야. 그 다음에는 본문 내용을 미리 예상해 보는 거지. 그러고 나서 본문을 읽어보면 내가 짐작했던 것과 교과서 내용이 일치하는 경우도 있고, 정반대의 경우도 있어."

"그것으로 끝이야?"

"응."

승우 형은 고개를 끄덕였다. 하지만 승철이는 고개를 갸웃거렸다. 아무리 생각해도 그것만으로는 예습을 했다고 할 수가 없다는 생각이 들었기 때문이었다.

"뭔가를 확실히 알아야 진정한 예습 아닌가?"

"물론 그렇지. 하지만 내 생각은 달라. 모든 것을 다 알려고 들면 시간이 많이 소요될 뿐만 아니라, 정작 집중해야할 수업을 등한시할 가능성이 높아지거든."

형은 무조건 자신의 예상과 교과서가 담고 있는 내용이 일치하든 정반대든, 책을 덮는다고 했다. 그리고 이튿날 학교에서 선생님의 강의를 듣다 보면 예습에서 어떤 결과가 나왔든 거의 완벽하게 이해가 된다는 것이었다.

승철이는 여러 가지 방법을 시도해 보고 나서 자신에게 맞는 것을 선택하기로 했다.

015 나만의 예습 방법

항상 책상에 앉아 공부하는 습관을 기른다.

우선 제목만 먼저 읽는다.

제목만으로 내용을 예상해 본다.

본문을 읽으면서 내가 생각한 내용과 맞는지, 틀리는지 확인해 본다.

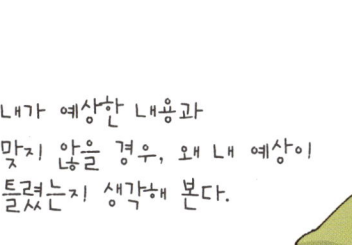

내가 예상한 내용과 맞지 않을 경우, 왜 내 예상이 틀렸는지 생각해 본다.

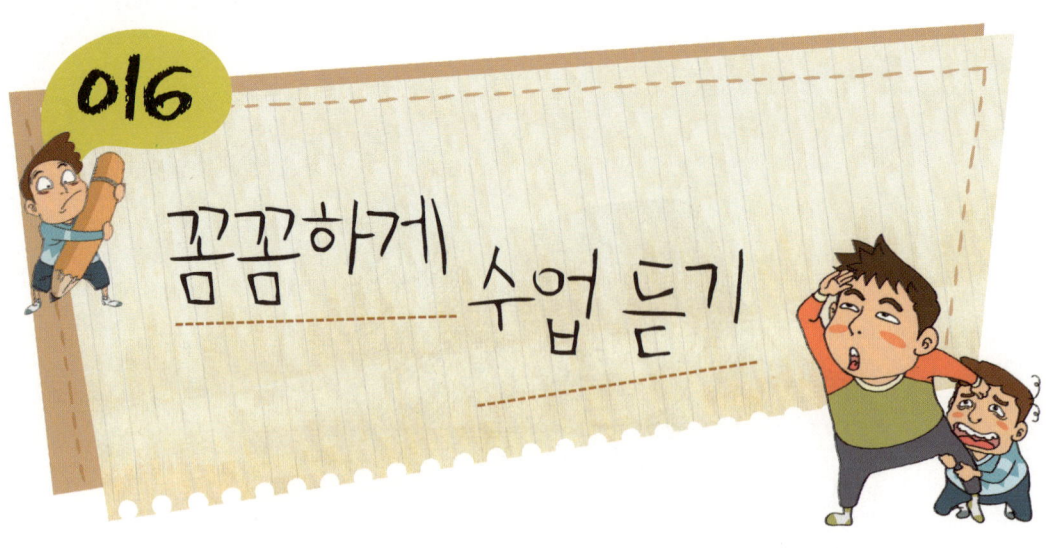

016 꼼꼼하게 수업 듣기

"형은 그렇게 좋은 성적을 어떻게 계속 유지할 수 있어?"

승철이의 질문에 승우 형은 기다렸다는 듯이 대답했다.

"내가 공부를 하면서 가장 중요하게 여기는 부분은 단연 학교수업이야."

승우 형은 자신이 꾸준하게 좋은 성적을 내고 있는 비결은 오직 학교수업을 잘 듣는 것이라는 단정적인 얘기를 했다. 모든 공부의 기초이자 주춧돌이 되어주는 것은 오직 학교수업이라는 것이었다.

"중학생 때부터는 대부분 학원에서 미리 교과목을 배워서 학교에 간다고 하던데……."

"물론 그런 친구들도 있지."

"그럼 형은 아니란 말이야?"

"응. 나는 지금까지 학교 교과목을 배우는 학원을 다녀본 적이 없어."

"학원을 한번도 다니지 않았다고?"

"그래."

"그러고도 어떻게 학교에서 일등을 할 수 있어?"

"이건 순전히 내 짐작이지만, 학교 성적은 학교 수업시간에 얼마나 집중하느냐 하는 것과 정비례하는 것 같더라."

"정비례? 그게 뭔데?"

"정비례란 두 개의 양이 같은 비율로 늘거나 줄어드는 것을 이르는 말인데, 이를테면 수업에 열심히 집중하면 성적은 그만큼 올라가고, 집중력이 떨어지면 그만큼 성적 또한 떨어진다는 얘기야."

"……."

무조건 꼼꼼하게 수업을 들어야 한다는 말이었다. 하지만 승철이는 쉽게 이해가 되지 않았다. 다른 친구들은 학원에서 미리 배운 다음 학교 수업에 임하는데, 형은 학원을 다니지 않고도 줄곧 일등을 한다니 믿을 수가 없는 것이었다.

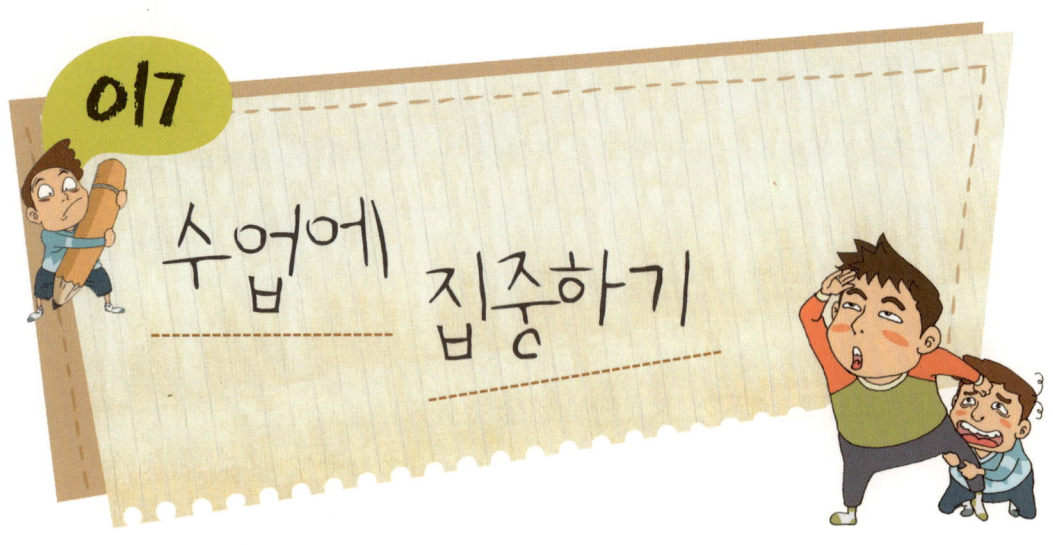

017
수업에 집중하기

"그러니까 형 말은 학원에 다니지 않아도 학교 수업만 열심히 들으면 성적이 쑥쑥 올라간다는 거 아냐?"

승우 형은 고개를 가로저었다.

학원에서의 수업도 예습이므로, 그만큼의 예습을 혼자서 하는 것은 너무나 당연한 일이라고 했다. 또한 수업시간 내내 무조건 선생님만 뚫어지게 쳐다보고 있다고 해서 성적이 오르지는 않는다는 말도 덧붙였다.

"예습과 수업과 복습은 한 덩어리라고 생각하면 이해할 수 있을 거다. 그 중에 하나만 빠져도 공부 효과는 절반 이하로 떨어지거든."

"거기까지는 무슨 말인지 알겠어."

"그런데 내 경험에 비추어 보면 그 셋 중에 선생님과 함께 하는 수업의 비중이 70퍼센트 이상을 차지하는 거 같았어."

"왜 그런 건데?"

"이를테면 우리 음식을 한 번도 본 적이 없는 외국인이 우리나라에 와서 낯선 음식을 시켰다고 치자. 그 외국인은 배가 고프니까 우선 이것저것 먹어보며 맛도 느끼겠지. 하지만 그는 어떤 그릇에 담긴 음식이 주식이고 어떤 것이 반찬인지 구별할 수 없지 않겠어?"

"그러겠지. 비빔밥을 시켜놓고 반찬 따로 밥 따로 먹는 사람도 있다는 얘기를 들은 적이 있어."

"바로 그거야."

"선생님은 그동안 쌓은 지식과 정보를 바탕으로 우리에게 공부라는 낯선 세계를 소개시켜 주는 안내원이야. 따라서 비빔밥은 어떻게 먹어야 하고, 곰탕은 어떻게 먹어야 하는지를 알려주는 분이라는 말이다. 결국 선생님의 수업에 얼마나 집중하느냐 하는 것은 곧, 얼마나 알차게 그 과목을 소화할 수 있느냐와 직결되는 거야."

승철이는 그제야 고개를 끄덕였다. 학교 수업에 집중해야 하는 이유 또한 어렴풋이 이해할 수 있었다.

018 나의 수업 태도

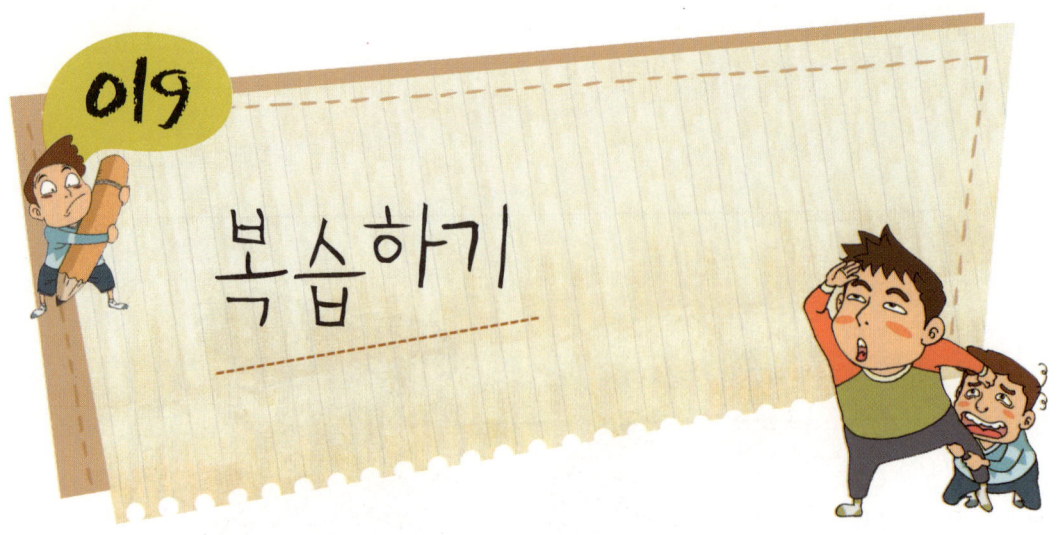

복습하기

"복습에는 크게 두 가지 종류가 있어."

"복습에도 종류가 있다고?"

"그럼. 배우고 난 직후에 다시 확인하는 것을 직후복습이라고 하고, 한참이 지난 후에 하는 공부를 지연복습이라고 하지."

"어휴, 뭐가 그리도 복잡해?"

"그런데 지금 내가 말하려는 것은 직후복습이야. 우리가 일반적으로 말하는 복습도 바로 이 방법을 얘기하고 있지."

"……."

승철이는 갑자기 머리가 지끈거리는 것만 같았다.

하지만 인내심을 갖고 형의 얘기를 듣기로 했다. 어차피 제대로 된 공부를 하기로 했으니 최선을 다해야 한다는 생각이 들었기 때문이었다.

"조금 전에 얘기한 것처럼, 우리가 일반적으로 말하는 복습이란 그날 학교에서 배운 것을 다시 한 번 되새겨 보는 거야. 그러니까 예습보다 더 빨리 끝낼 수 있지."

"복습을 하다 혹시 모르는 게 있으면 어떻게 해?"

"이미 만들어 놓은 메모장 있잖아? 거기에 기록해 두었다가 다음날 선생님께 질문해서 해결하면 되지 않겠니?"

"아, 그러면 되겠구나!"

승우 형 말에 따르면 예습과 수업, 그리고 복습으로 이어지는 공부 방법은 가장 적은 시간을 투자해 가장 많은 효과를 얻을 수 있는 공부법이라고 했다. 승철이 역시 그런 생각이 들었다.

이미 예습을 해 두었으니 수업 내용을 짐작할 수 있고, 자신이 궁금하게 여겼던 것들이 있으므로 수업에 집중할 수밖에 없을 것이었다. 또한 복습을 통해 그 날 배운 모든 것들을 정리하기 때문에 전체적인 맥락 또한 흐트러질 염려가 없었다.

한 달 내내 놀고 있다가 시험이 코 앞에 닥쳐, 그때 가서 한꺼번에 해치우려 하면 이해하기 힘들 뿐만 아니라, 시간 역시 두 배 이상 필요로 할 수밖에 없는 것이다.

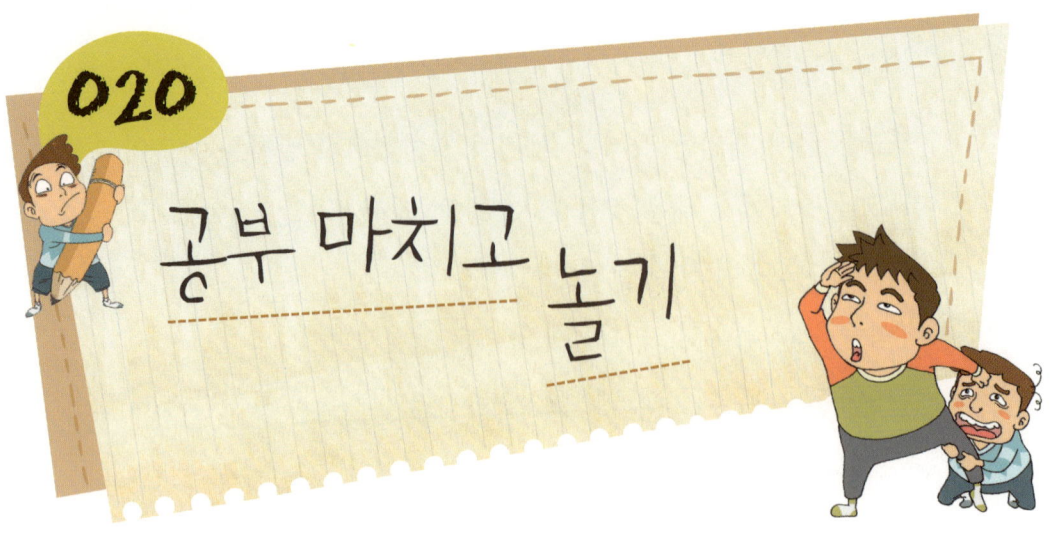

020 공부 마치고 놀기

승철이는 갑자기 승우 형이 하루에 몇 시간이나 공부를 하는지, 그리고 쉬는 시간은 얼마나 되는지 궁금했다. 형처럼 공부를 잘하기 위해서는 노는 시간이 전혀 없을 것만 같았기 때문이었다.

"형은 학교 수업 빼놓고 하루에 몇 시간이나 공부해?"

"얼마나 할 거 같니?"

"글쎄……."

"요즘은 방학이라 좀 다르지만, 평소에는 세 시간 정도 하고 있어."

"뭐라고? 고등학생이 겨우 세 시간만 공부한다고?"

승철이는 도저히 믿을 수가 없었다. 그 정도 시간을 공부해서 학교에서 일등을 한다는 것은 절대로 불가능하다는 생각이 들었던 것이다.

"왜? 믿어지지 않니?"

"당연하지!"

"하지만 사실이야. 항상 똑같은 건 아니지만 예습 두 시간에 복습 한 시간 정도면 다 끝나거든."

그렇다면 여분의 시간을 어떻게 보내는지가 궁금해졌다. 예습과 복습으로 세 시간을 사용한다면, 최소한 네다섯 시간이 비어 있기 때문이었다.

"그럼 나머지 시간은 뭐해?"

"아마도 너랑 비슷할 걸?"

"나랑 비슷하다고?"

"책도 읽고, 친구들이랑 놀기도 해. 아, 참! 컴퓨터 게임 하는 시간도 만만치 않겠다."

승우 형은 학교에서 별명이 게임 박사라고 했다. 승철이는 그런 형을 보면서 새로운 사실 하나를 깨달았다. '놀고 공부하느냐, 공부하고 노느냐'가 얼마나 중요한가를!

'그래, 무조건 공부를 마치고 나서 노는 거야! 그렇게만 한다면 형처럼 나도 우등생이 될 수 있어!

021 나만의 복습 방법

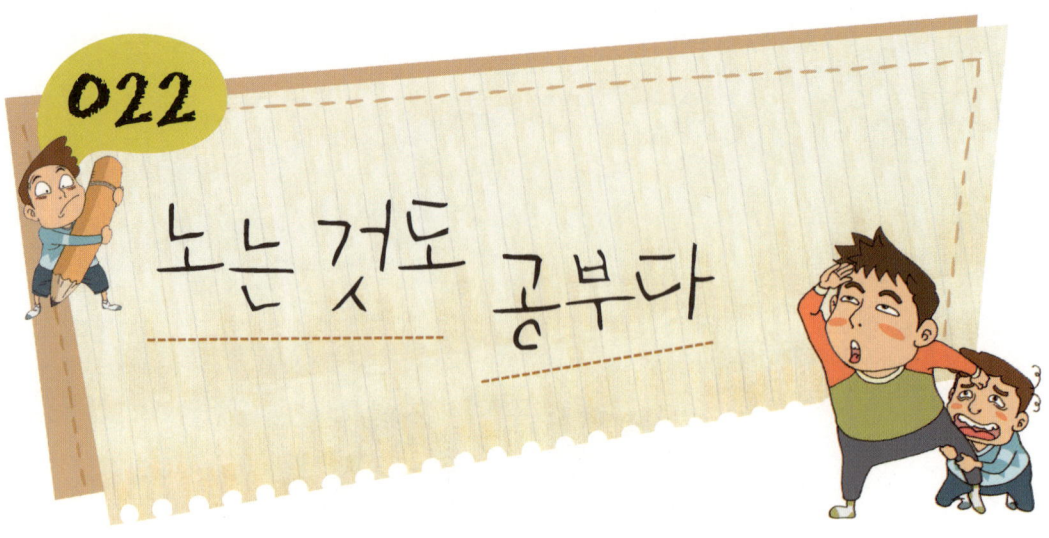

022 노는 것도 공부다

　공부를 하겠다고 마음먹고 책상 앞에 앉아있다고 해서 공부가 저절로 되는 것은 아니다. 텔레비전 오락 프로그램도 보고 싶고, 컴퓨터 게임도 하고 싶다. 승철이가 지금까지 이겨내지 못한 것이 바로 그 부분이었다.
　"놀고 싶을 때는 확실하게 노는 것이 좋아. 어차피 하루 종일 공부할 것도 아닌데, 시간을 잘 쪼개서 노는 시간에는 화끈하게 노는 거지."
　"그런데 놀다 보면 계속 놀고 싶어지잖아?"
　승철이는 한번 놀기 시작하면 날이 어두워지거나 배가 고파져야만 끝내곤 했다. 놀이에 빠지고 나면 다른 생각이 전혀 나지 않는 것이었다. 승철이는 승우 형이 그런 유혹을 어떻게 이겨내는지 궁금했다.

"나 역시 계속 놀고 싶을 때가 많아."

"그러니까 내 말은 그것을 어떻게 이겨낼 수 있느냐 하는 거야."

승우 형이 빙그레 웃었다. 그 웃음 속에는 승철이가 무슨 고민을 하고 있는지 알고 있다는 여유가 숨겨져 있었다.

"방법은 오직 한 가지밖에 없어."

"오직 한 가지?"

"그 방법은 너도 알고 있어. 그런데……."

"그런데?"

"다만 실천을 하지 않았던 것뿐이야."

"아, 먼저 공부하고 나중에 노는 거?"

"그래, 맞았어. 그거 이외에는 다른 방법이 없어."

승철이는 고개를 끄덕였다. 그거야 말로 누구나 아는 공부 방법이었다. 하지만 실천을 하는 사람보다 그렇지 못하는 사람이 많은 것 또한 사실이었다. 승철이는 다시 한번 두 주먹을 불끈 쥐며 마음 속으로 외쳤다.

'시간을 지키는 것도 공부다!'

'제대로 놀고 제 시간에 마치는 것도 공부다!'

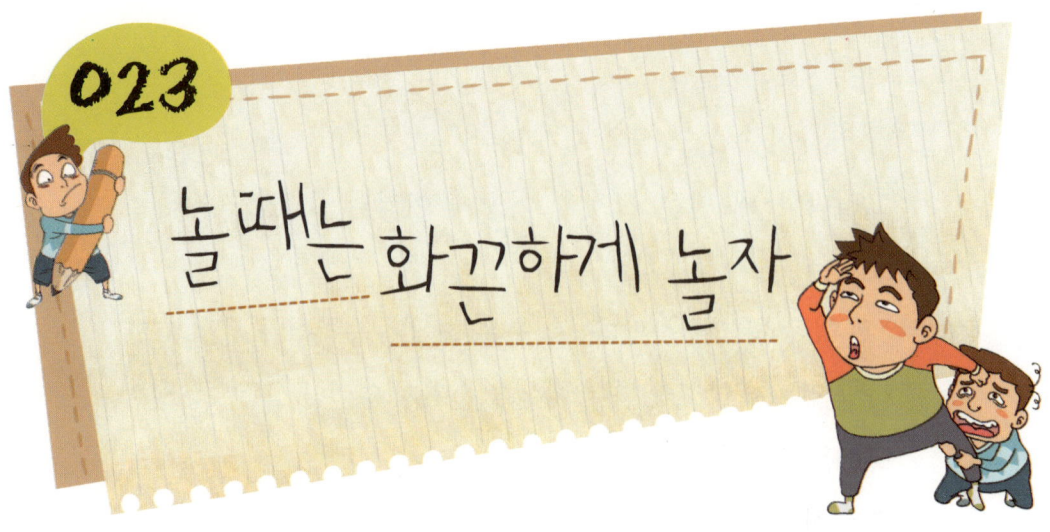

023
놀 때는 화끈하게 놀자

　승우 형이 지금껏 사용하고 있는 일과표에는 반드시 공부를 한 다음에 노는 시간이 배치되어 있다고 했다. 이를테면 학교에 다녀오자마자 씻고 나서 그날 배웠던 과목들을 복습한다는 것이었다.
　"특별한 문제가 생기지 않는 한, 대부분 1시간에서 1시간 30분이 지나면 그날 복습은 마무리가 되더라."
　"그거하고 학습 능률하고 무슨 상관이라도 있어?"
　"엄청난 상관관계가 있지."
　"……?"
　"공부를 끝내고 나면 내가 가장 좋아하는 친구랑 같이 축구를 할 수 있어. 신나게 컴퓨터 게임을 할 수도 있고……. 그럴 때 넌 어떤 생각이 들겠냐?"

"글쎄, 집중해서 빨리 끝내야지 하는 생각이 들지 않을까?"

"바로 그거야. 놀이에 대한 기대감이 공부에 집중을 할 수 있도록 도와준다는 말이지."

"그렇다면 그 반대의 경우에는 어떻게 되는데?"

"일단 놀고 나면 피곤하겠지? 축구를 했다면 온몸이 찌뿌둥할 테고, 게임을 했다면 눈이 피로할 수밖에 없잖아? 컨디션이 그런 상황에서 공부를 하면 효율은 당연히 떨어질 수밖에 없지. 게다가 공부가 끝난다 하더라도 내가 재미있어 하는 놀이가 기다리고 있는 것도 아니고……."

승철이는 승우 형의 말이 옳다는 생각이 들었다. 그래서 일과표를 다시 한 번 정리하기로 했다. 공부하고 놀고, 공부하고 놀고……. 그리고 노는 것에 대한 기대치를 높이기 위해 노는 시간 표시하는 칸은 더 굵고 큰 글씨로 써 놓았다.

'그래, 먼저 공부부터 하고 노는 거야! 그러면 놀고 나서 공부해야 한다는 부담감도 없기 때문에 훨씬 더 재미있을 거야!'

024 나만의 공부 집중법

제 2장

국어로 기선잡기

025 모든 과목의 기본은 국어
026 국어는 내 친구
027 국어 성적 올리는 나만의 방법
028 남아수독오거서
029 책읽기와 독후감
030 나만의 독서 노하우
031 효과적으로 책읽기 1
032 훑어보기
033 나의 독서 노트 1
034 효과적으로 책읽기 2
035 질문하기
036 나의 독서 노트 2
037 효과적으로 책읽기 3
038 자세히 읽기
039 나의 독서 노트 3
040 효과적으로 책읽기 4
041 되새기기
042 나의 독서 노트 4
043 효과적으로 책읽기 5
044 다시 보기
045 나의 독서 노트 5

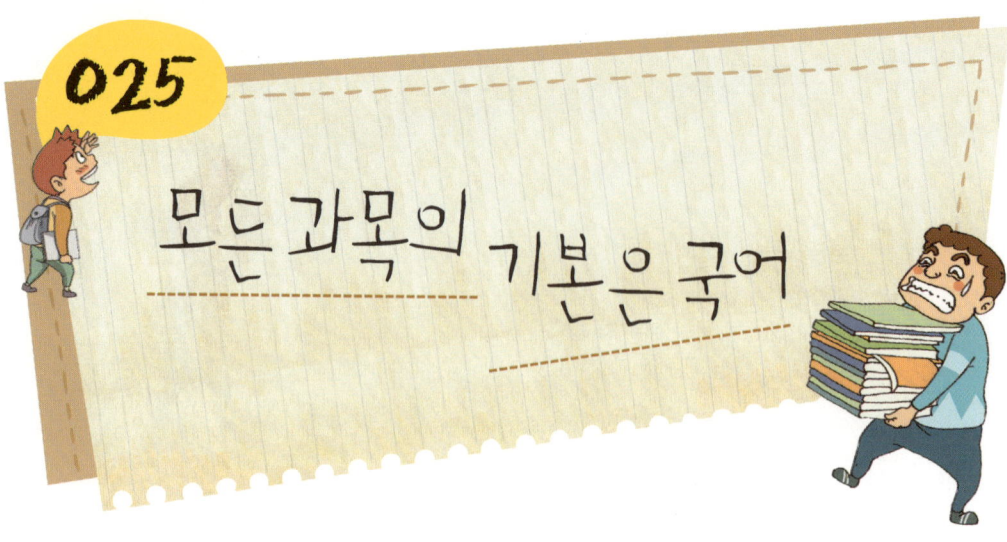

025 모든 과목의 기본은 국어

　국어는 쉬우면서도 어렵고, 어려운 것 같으면서도 쉬운 과목이다. 승철이는 그렇게 생각하고 있었다.
　"공부를 해도 성적이 크게 오르지도 않고, 시험 준비를 하지 않아도 점수가 크게 떨어지지 않아. 그래서 나는 국어 공부를 별로 하지 않았어."
　"대부분이 그렇게 생각하기 때문에 다른 과목 성적까지 올릴 수가 없는 거야."
　"국어 공부가 다른 과목 성적까지 영향을 미친다고?"
　"당연하지. 국어는 모든 과목의 기본이야. 아니, 우리들 삶의 기본이라 해도 틀린 말이 아니지. 모든 지식이 언어를 통해 전달되기 때문이야."
　"무슨 말인지 잘 모르겠어."

"무엇보다도 국어를 잘 하지 못하면 책의 내용을 이해하기 쉽지 않을 테니까. 그리고 표현력이 부족하면 알고 있는 문제라 할지라도 자신의 생각을 일목요연하게 정리할 수 없으니 좋은 점수가 나올 수 없겠지?"

"무슨 말인지 알 것 같아. 그런데 국어는 공부를 해도 표시가 별로 나지 않잖아?"

"그게 바로 국어를 공부하지 않은 친구들 스스로 파놓은 함정이야. 국어를 꾸준히 공부하는 친구는 눈에 보이지 않을 만큼 천천히 실력이 향상되고 있어. 하지만 국어를 멀리하는 친구는 또 눈에 보이지 않을 만큼 국어 실력이 천천히 내리막길을 걷는 거야. 그렇게 몇 년이 지나면 똑같이 출발했던 두 사람 사이에는 도저히 극복할 수 없는 차이가 생겨나게 되지."

"그러니까 국어는 한꺼번에 성적 올릴 생각은 아예 하지 않는 것이 좋다는 말이네?"

"다른 과목도 마찬가지지만, 국어는 특히 더 그렇지."

"하여튼 공부는 어려워."

그러나 승철이는 고개를 끄덕이고 있었다. 그동안 동화책을 읽다가 모르는 단어가 나와 속으로 창피한 생각이 들 때가 종종 있었기 때문이었다.

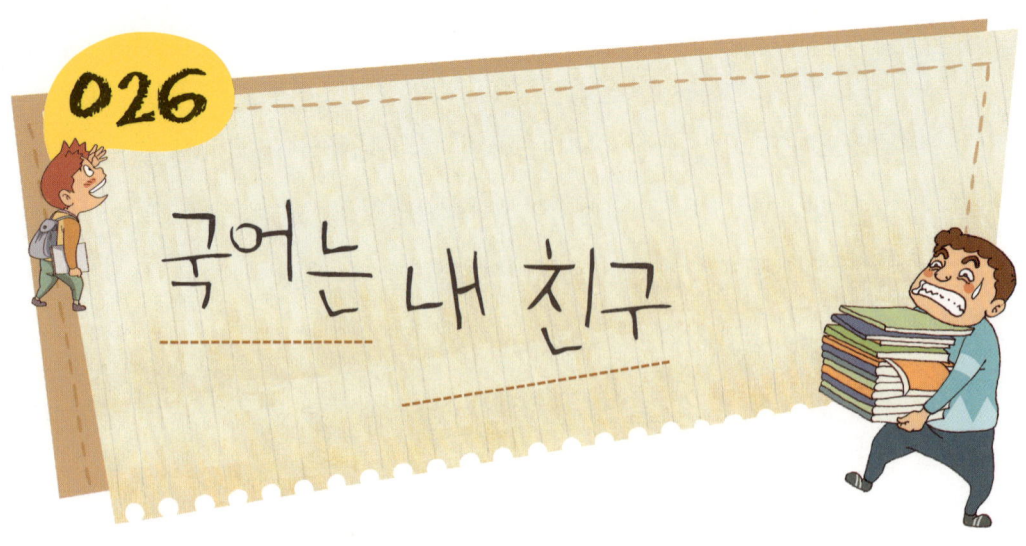

026
국어는 내 친구

　승철이는 승우 형이 국어 공부를 어떻게 했는지 궁금했다.
　"형은 국어를 어떻게 공부했어?"
　"나는 우선 교과서 내용이 이해될 때까지 읽고 또 읽었지."
　"그것 뿐이야?"
　"그리고 시간이 나면 비슷한 시기에 발표되었던 문학작품이나, 교과서에 나오는 작가의 다른 작품을 읽기도 하고……."
　"고등학생이 그럴 시간이 어딨어?"
　"왜? 만들면 되지. 등하교길 버스 안에서 읽어도 되고, 화장실에서 읽고……. 생각 없이 멍하게 앉아있는 시간만 잘 활용해도 책 읽을 시간은 충분해."
　승철이는 그런 승우 형이 존경스러웠다. 이제 겨우 고등학생에 불과한 형이지만 대통령 할아버지보다 더 위대해 보였다.

"형이 왜 공부를 잘하게 되었는지 이제야 알겠다."

"무엇보다 중요한 것은 '국어는 내 친구'라는 생각을 버리지 않는 거야. 우리 민족만 쓰는 유일한 문자라는 자부심까지 더해지면 더욱 좋겠지."

"나는 아무리 노력해도 국어가 친구처럼 가까워지지는 않을 것 같은데……."

"처음부터 잘하는 사람이 어딨냐? 욕심 부리지 말고 천천히 하는 거야!"

승철이는 만화처럼 신나게 국어책을 볼 수 있었으면 좋겠다는 생각을 했다.

"국어책을 만화처럼 재미있게 읽을 수는 없을까?"

"왜 없겠니? 생각하기에 따라서는 그렇게 할 수도 있지."

"정말?"

"당연하지. 이를테면 매 문장마다 네 스스로 머리 속에 그림을 그리면 되지 않겠어?"

"에이, 그게 어떻게 가능해?"

결국 두 사람은 교과서를 들고 실험을 하기로 했다. 그런데 정말로 승우 형 말처럼 그림을 그릴 수가 있었다. 그러자 내용이 훨씬 더 생생하고 재미있게 머리 속에 각인되는 듯했다.

027 국어 성적 올리는 나만의 방법

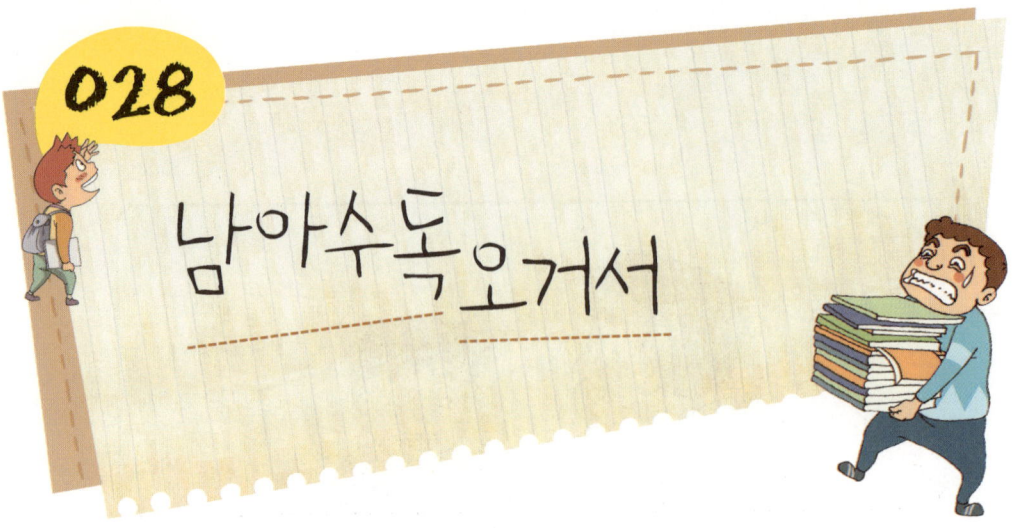

028
남아수독오거서

　승우 형이 느닷없이 옛날 당나라 때 유명한 시인이었던 '두보'라는 사람에 대한 얘기를 꺼냈다. 그 시인이 지은 시 중에 '남아수독오거서'라는 말이 있다는 것이었다.
　"그 말이 무슨 뜻인데?"
　"사람으로 태어나 모름지기 책을 다섯 수레 정도는 읽어야 한다는 뜻이야."
　"다섯 수레라면 별로 많지 않은 것 같은데?"
　"물론 그렇게 생각할 수도 있지. 하지만 지금처럼 책이 많이 생산되지 않았던 당시를 생각해 보면, 그 다섯 수레는 곧 당나라의 지식인들이 읽을 수 있는 모든 책을 말하고 있다고 해도 과언이 아니야."
　"그렇다면 결국 이 세상의 모든 책을 다 읽으라는 말이네?"

"어떻게 세상 책을 다 읽겠냐? 다만 가능하면 많은 책을 읽는 것이 바람직하다는 말이지."

"그럼 우린 어떤 책을 읽는 것이 좋은 거야?"

"지금 우리나라에서는 여러 도서관이나 독서 관련 단체에서 어린이나 청소년 권장도서를 선정하고 있거든. 우선 그것부터 읽는 게 좋아."

"무조건 읽기만 하면 된다고?"

승우 형은 고개를 가로저었다.

"물론 많은 책을 읽는 것은 기본이야. 하지만 그냥 읽는 것으로만 그친다면 큰 도움이 되지 않아. 네가 읽었던 책에 대해서 많이 생각하고, 그 느낌을 적어보는 것까지 해야 한다는 말이지."

"독후감을 써야 한다는 말이네?"

"독후감을 쓰는 게 어렵니?"

"그럼, 당연하지. 그게 얼마나 어려운 일인데……."

"그렇지 않아. 편하게 생각하면 쉬울 수도 있어. 어떤 음식을 먹고 나서 맛을 되새겨 보는 것처럼, 책을 읽고 나서 네 느낌이나 생각을 다시 한번 정리하는 거니까……."

하지만 승철이는 형의 얘기를 쉽게 수긍할 수 없었다. 독후감 쓰는 일이란 워낙 어려운 작업이니까…….

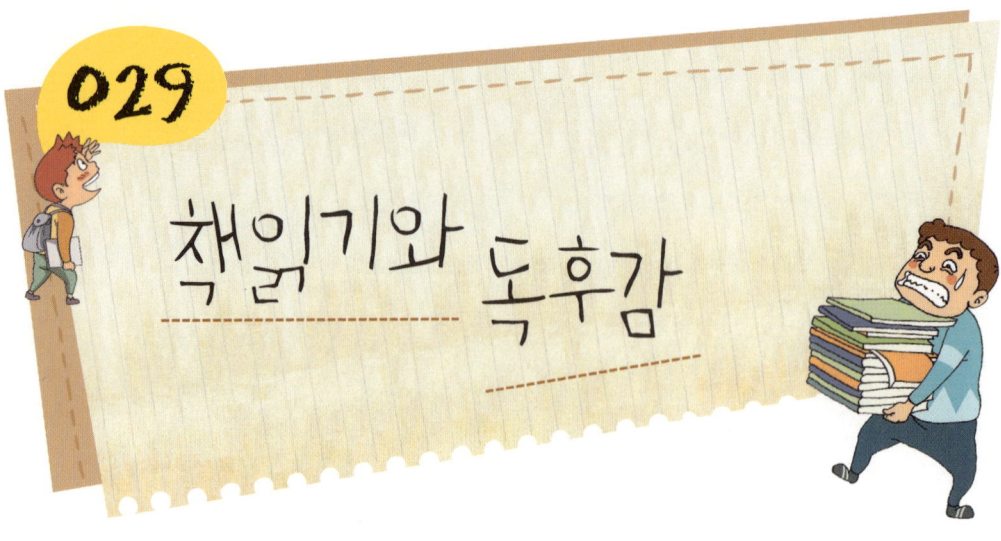

029 책읽기와 독후감

하지만 형은 독후감에 대한 이야기를 계속했다.

"독후감을 써야만 이해력과 사고력이 향상되는 거야. 나아가 글을 쓰는 솜씨, 즉 자신의 생각을 효과적으로 표현하는 능력도 자연스럽게 키워지지 않겠니?"

형은 많이 읽고, 많이 생각하고, 많이 써보는 것이야 말로 평생 동안 그쳐서는 안 될 일이라고 강조했다. 그것이야말로 자기 발전의 초석이 되어주기 때문이라는 것이었다.

"그런 형은 책을 얼마나 읽는데?"

"글쎄……. 교과서와 관련된 도서는 물론 다 읽었고, 그 이외에 여러 문학작품들을 꾸준히 읽고 있지."

"또 다른 건 없어?"

"아침에 신문이 오면 사설을 읽고, 그 사설을 원고지에 그대로 옮겨 쓰는 작업을 하고 있지. 그리고……."

"그리고 뭐가 또 있는 거야?"

"그 사설에 대한 내 생각이나 입장을 정리해서 원고지에 정리하는 작업도 같이 하고 있어."

"날마다 그렇게 하고 있다고?"

"그럼. 너희 집에 와서 했던 것들 보여줄까?"

"아니, 아니야!"

승철이는 고개를 절레절레 저었다.

"그럼 형은 도대체 언제 놀아?"

"공부하는 시간도, 노는 시간도 너랑 같잖아?"

그랬다. 승철이는 할말이 없었다. 방학이 시작되고부터 줄곧 같이 있었기 때문이었다.

030 나만의 독서 노하우

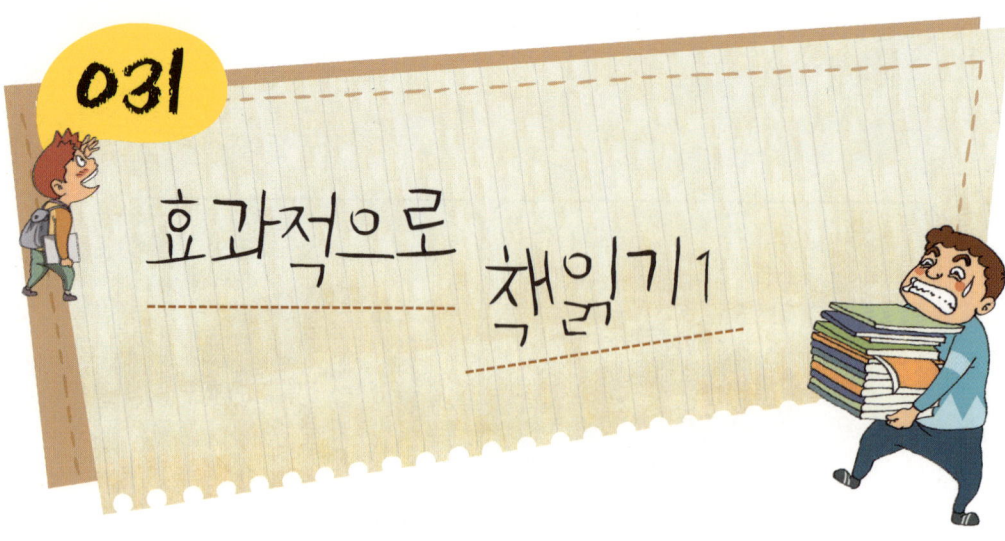

031 효과적으로 책읽기 1

　승우 형이 본격적으로 국어공부 하는 방법을 일러주기 시작했다. 그 첫 번째는 책을 올바르게 읽는 방법이었다.
　"네가 중학교에 가면 바르게 책 읽는 방법을 배우게 될 거야. 미리 해 보는 것도 괜찮을 테니 내가 알려줄게."
　"책을 바르게 읽는 방법이 따로 있어?"
　"그럼. 효과적인 독서 방법은 모두 다섯 단계로 나누어져 있어."
　"헉! 그냥 무작정 읽으면 되는 것이 아니라, 무려 다섯 단계로 나누어서 읽어야 한다고?"
　승철은 할말을 잃고 말았다. 하지만 승우 형의 얘기는 계속되었다.
　"책을 읽는 첫 번째 단계는 훑어보기라고 한단다."

어떤 책을 읽을 때 무조건 처음부터 읽기 시작하지 말고 제목이나 소제목 등을 보고 전체적인 내용을 짐작해 보라는 것이었다. 순간 승철이는 효과적으로 책 읽는 게 그리 어렵지만은 않겠다는 생각이 들었다.

"형, 나는 동네 대여점에서 만화책 빌릴 때 차례를 보고 얼마나 재미있을지를 짐작하거든. 형이 지금 말한 훑어보기라는 게 그런 거 아냐?"

"맞아, 바로 그거야! 이제 보니 우리 승철이가 어느새 독서 방법을 하나씩 터득하고 있었던 모양이네."

승우 형이 머리를 쓰다듬어 주었다. 승철이는 어깨가 괜히 으쓱해졌다. 공부 잘하기로 소문난 형으로부터 처음으로 칭찬을 받았기 때문이었다.

"그 정도라면 나도 할 수 있지. 난 또 괜히 겁부터 먹었잖아!"

"우와, 우리 승철이 대단한데?"

"뭘, 보통이야……."

승철이는 갑자기 자신감이 생겼다. 그동안 만화라면 빼놓지 않고 읽었던 것이 드디어 효과를 보고 있다는 생각도 들었다.

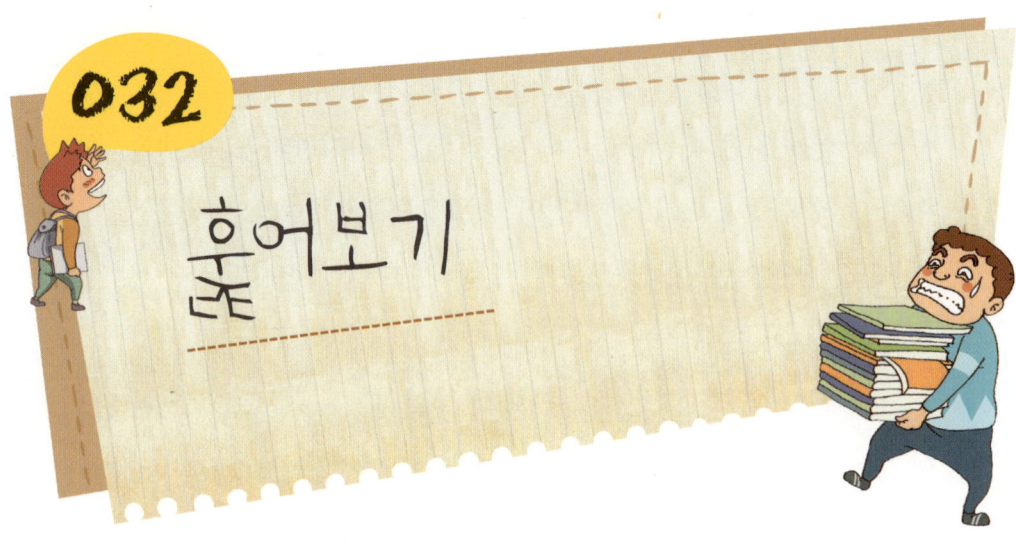

훑어보기

승우 형의 설명은 계속되었다.

"그런데 막상 만화책을 읽다 보면 생각보다 재미가 없는 것도 있고, 어떤 경우에는 별로 기대하지 않았는데 무척 재미있는 책도 있지?"

"응, 맞아!"

"훑어보기를 제대로 했다면 아마도 재미있는 책이었을 테고, 시간이 없거나 귀찮아서 대강 훑어보기를 한 책 중에서 예상보다 재미없는 만화책이 나오곤 했을 거야."

"와, 형은 그걸 어떻게 알았어?"

"어쨌든 그 정도라면 넌 이미 상당한 수준에 올라있는 거야."

"정말이야?"

승철이의 목소리가 한껏 높아지고 있었다. 적어도 만화책에 관한 한 형에게밀리지 않을 거라는 자신감이 있었기 때문이었다.

"그럼, 그런데 한 가지 문제가 있어."

"그게 뭔데?"

"이제는 만화책만 보지 말고 다른 장르의 문학작품들도 골고루 읽어야 할 때가 되었다는 말이지. 방학 끝나면 너도 6학년이 되니까……."

"허걱!"

승철이는 움찔했다.

하지만 기분은 좋았다. 비록 만화책을 통해 스스로 깨우친 사실이지만 효과적인 독서의 첫 번째 단계를 자신도 모르게 실천하고 있었다는 사실에 가슴이 뿌듯했던 것이다.

"알았어, 형. 앞으로는 다른 책들도 읽을게."

"좋아. 그럼 우리 오늘 오후에 바람도 쐴 겸 서점에 갈래?"

그렇게 해서 둘은 산더미처럼 쌓인 책 구경을 오후 내내 하게 되었다.

033 나의 독서 노트 1

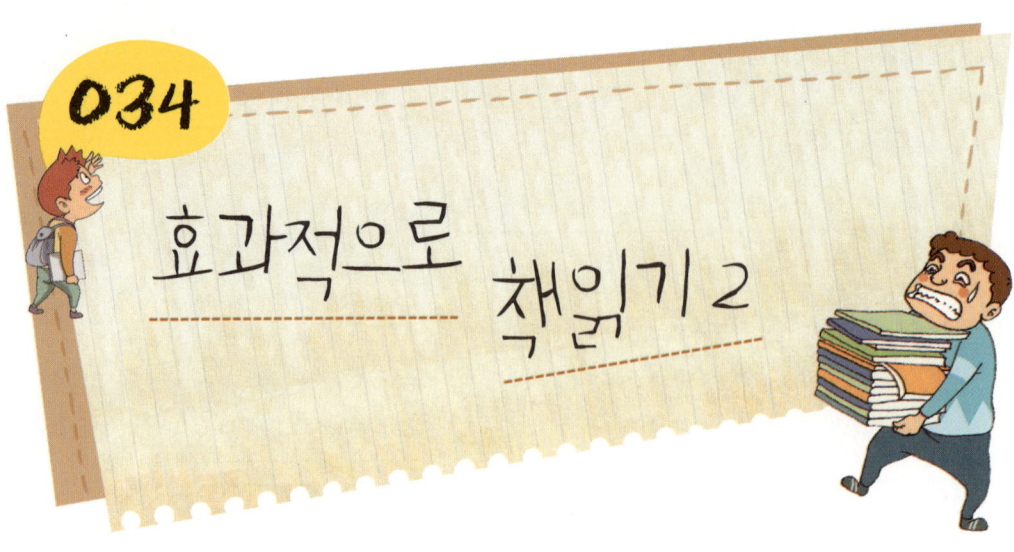

034 효과적으로 책읽기 2

　오후 내내 서점을 구경하고 돌아온 승철이는 저녁을 먹자마자 곯아떨어지고 말았다. 모처럼 서점에 나가 책 구경을 하니 피곤했던 모양이었다.
　이튿날, 아침을 먹자마자 승우 형의 독서 방법에 대한 수업이 이어졌다.
　"두 번째는 질문하기 단계야."
　"질문하기? 책한테 질문을 한다는 거야?"
　"뭐라고?"
　승우 형은 갑자기 허리를 부여잡고 웃기 시작했다. 그도 그럴 것이 승철이가 너무 진지한 표정으로 엉뚱한 질문을 했기 때문이었다.
　"창피하게스리 그렇게 웃으면 어떡해?"

"미안, 미안하다. 질문하기란 책의 제목이나 소제목 등을 질문으로 바꾸어 생각해 보는 거야."

하지만 승철이는 승우 형의 말을 이해할 수 없었다.

"무슨 말인지 잘 모르겠어."

"그럼 예를 들어 설명해 줄게. 어제 서점에서 네가 유심히 살펴본 책 중에 〈다훈이의 비밀 일기〉라는 거 있었지?"

"헉! 그걸 어떻게 알았어?"

승철이는 화들짝 놀랐다. 승우 형 말처럼 수많은 책들 중에서 그 책을 한참동안 살펴본 것이 사실이었기 때문이었다.

"어쨌든 넌 그 책 제목을 보면서 모든 일기란 다 비밀일 수밖에 없는데, 무엇 때문에 비밀 일기라는 제목을 달았을까 하는 생각을 했을 거야."

"맞아! 우와, 형이 이젠 내 마음까지 알아 맞추네!"

"그리고 차례를 보았겠지."

"응, 그랬어."

귀신이 곡할 노릇이었다. 승철이가 그 책을 뒤적이고 있을 때 승우 형은 분명히 아동코너가 아닌 다른 곳에서 책장을 넘기고 있었다. 그런데 마치 그 때 바로 옆에 있었던 사람처럼 얘기를 하는 것이었다.

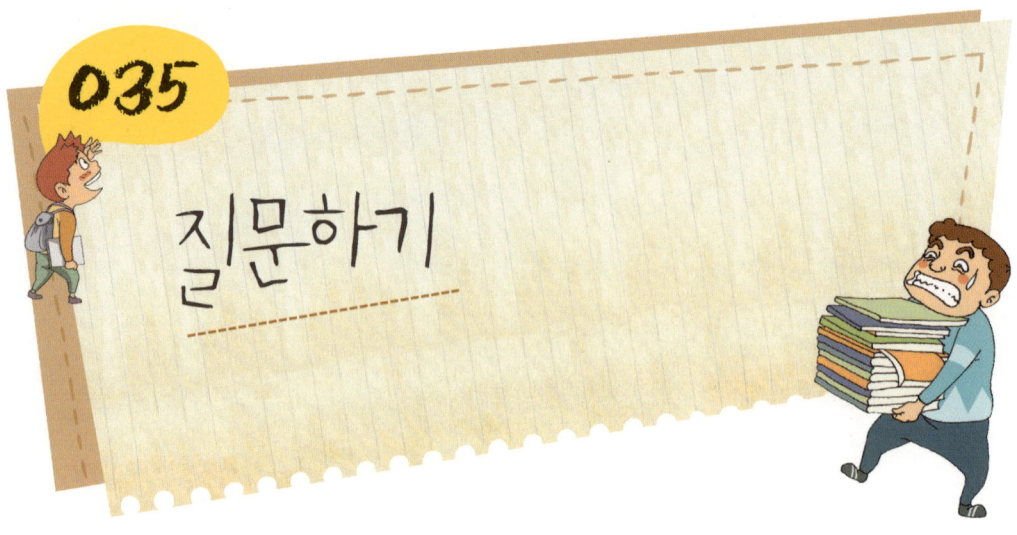

질문하기

게다가 형은 그 책의 차례까지 줄줄 꿰고 있었다.

"그리고 '다훈이와 성훈이의 한판 싸움'을 보면서는 왜 싸웠을까 하는 생각을 했겠지?"

"응, 이름으로 봐서 둘은 형제일 거라는 생각도 했고……."

"또 '엄마가 사는 섬'이라는 소제목을 보고는 '그렇다면 다훈이라는 아이는 엄마랑 같이 살지 않는다는 말인가?' 하는 의문을 가졌을 거야."

"그래, 맞아!"

승철이는 더 이상 할 말이 없었다. 책을 본 자신은 막상 까맣게 잊고 있었던 소제목까지, 게다가 그 소제목들을 보면서 했던 생각까지 승우 형은 정확하게 알고 있었던 것이다.

"그럼 우리 똑똑한 승철이는 이미 효과적인 독서하기의 다섯 단계 중 두 번째까지는 완벽하게 실천하고 있는 셈이네. 그렇지?"

"으? 으응!"

승철이는 잠시 정신을 차릴 수 없었다. 승우 형이 혹시 옛날 궁예가 했다는 관심법까지 공부한 것이 아닌가 하는 생각과 함께 온몸에 소름이 쫙 끼쳤다.

"질문하기란 바로 그런 거야."

"그런 거라니? 난 아직 모르겠는데……."

"네가 지금껏 해왔던 것처럼 소제목들을 보면서 질문을 던져 보는 단계란 말이지. 그것이 바로 독서의 두 번째 단계에 해당된다는 말이야."

"그럼 내가 책을 잘 읽고 있었다는 말이네!"

"그렇다고 할 수 있지. 다만 그것이 오로지 만화책에만 그쳐서 아쉽기는 하지만 말이다."

"앞으로 다른 책들도 읽으면 될 거 아냐?"

"그래, 당연히 그래야지."

승우 형은 마치 자신이 어른이라도 된 것처럼 승철이의 뒤통수를 쓰다듬어주었다. 그런데 승철이는 한 가지 생각에 빠져있었다. 그것은 승우 형이 궁예처럼 관심법을 하고 있을지도 모른다는 생각이었다.

036 나의 독서 노트 2

구분	제목	장르	내용요약	나의 느낌	비고
9월 11일	심청전	고전소설	어쩌고 저쩌고	무엇이 진정한 효도인지를 생각하게 했다. 앞을 보지 못하는 아버지를 남겨두고 먼저 죽는 것이 진정한 효도였을까 하는 의문이 든다.	

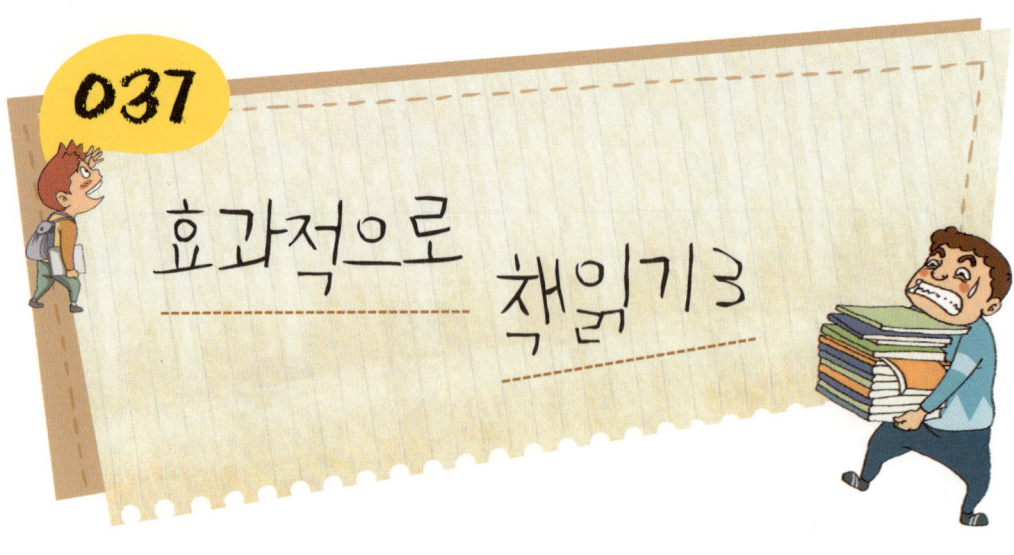

037 효과적으로 책읽기3

"이제 세 번째 단계에 대해 설명해 줄게."

승우 형은 곧이어 효과적인 독서 방법 중에서 세 번째인 자세히 읽기 단계를 설명하려했다. 하지만 승철이는 그것보다 서점에서 자신이 했던 생각을 형이 어떻게 알게 되었는지가 더 궁금했다.

"형, 그것보다 더 궁금한 것이 있는데……."

"뭔데? 얘기해봐."

"형은 내 생각을 어떻게 읽었어?"

"내가 네 생각을 언제 읽었다고 그러니?"

"지금까지 계속 그랬잖아?"

"내가 언제?"

"그러지 말고 형, 솔직하게 얘기해 줘. 옛날에 궁예는 관심법으로 남의 마음까지 읽을 수 있었다는데, 혹시 형도 그런 거 공부한 거야?"

"말도 안 돼. 사람이 어떻게 남의 마음을 들여다 볼 수 있니?"

"조금 전까지 형이 내 마음을 속속들이 읽고 있었잖아?"

"천만에! 나는 다만 네가 그 책에 유난히 관심을 보이기에 한 권 사서 먼저 읽어본 것뿐이야."

"뭐라고?"

"자, 여기 있다. 형이 주는 선물이야."

승우 형은 정말로 서점에서 보았던 〈다훈이의 비밀 일기〉라는 책을 서점 쇼핑백 속에서 꺼내주었다. 승철이는 어안이 벙벙했다.

"내가 이 책에 관심을 보이는 모습을 봤다고?"

"그래, 그것뿐이야."

그렇다면 궁예의 관심법 따위와는 전혀 상관이 없다는 말이었다. 또한 형한테 마음을 들킬 염려도 없었다.

승철이는 갑자기 기분이 좋아졌다. 좋아하는 형이 이상한 사람이 아님을 확인했고, 책도 한 권 선물 받았으며, 게다가 공부하는 방법까지 배우고 있으니 더 이상 바랄 것이 없었던 것이다.

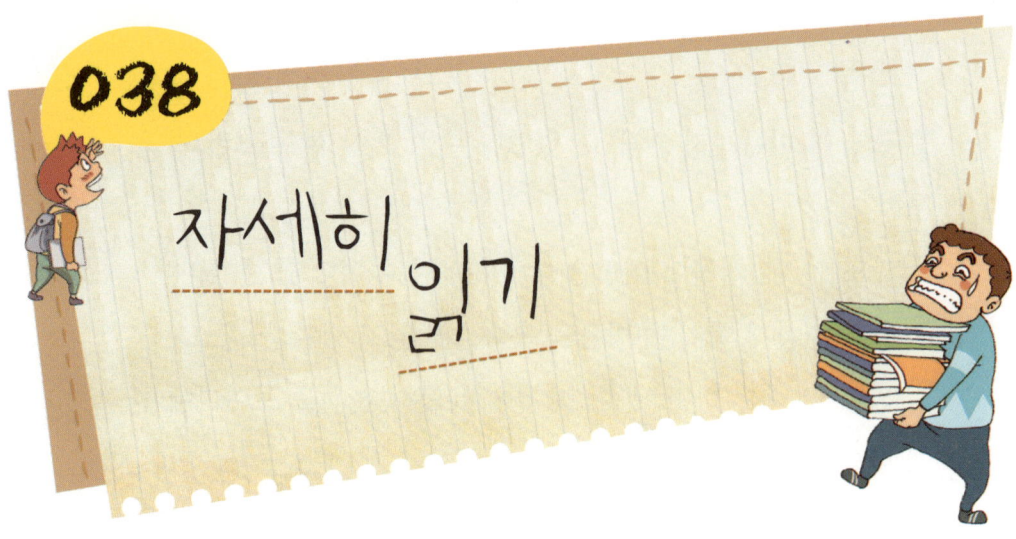

038 자세히 읽기

　서점을 한 번 다녀오고 나서부터 승철이는 승우 형에 대해 한 층 더 친밀감을 느끼게 되었다. 승철이는 그 이유가 책에 있다고 생각했다. 한 권의 책을 두고 의견을 교환하다 보면 서로의 속마음을 어느 정도 느낄 수 있기 때문이었다.

　관심법 때문에 잠시 중단되었던 승우 형의 설명이 계속되었다.

　"첫 번째와 두 번째 단계는 너도 모르는 사이에 이미 실천하고 있었으니 되었고, 문제는 세 번째인 '자세히 읽기' 단계부터일 거야."

　"나는 어떤 책이든 한번 읽기 시작하면 꼼꼼하게 다 보는 편인데……."

　"물론 그러겠지. 하지만 여기서 말하는 자세히 읽기에서 내용을 꼼꼼하게 읽어 나가는 과정은 기본적인 사항에 불과해."

"다른 뭐가 또 있다는 말이야?"

"그래. 책의 내용이 첫 번째와 두 번째 단계를 통해 자신이 가졌던 생각이나 의문들과 어떤 차이가 있는지를 확인하는 거야."

"그렇다면 앞선 두 단계의 과정을 다 기억하고 있어야 되겠네?"

"당연하지. 예컨대 왜 제목을 〈다훈이의 비밀 일기〉로 했는지, 그리고 다훈이와 성훈이는 왜 싸우게 되었는지, 또한 다훈이는 정말로 엄마와 따로 살고 있는지 등등 네가 했던 생각과 비교를 해보는 거야."

"난 아직 그런 생각까지 하면서 책을 읽지는 않았어."

승철이가 솔직하게 고백했다. 하지만 승우 형은 그런 사실에 대해 대수롭지 않게 여기는 듯싶었다. 앞으로 어떻게 읽느냐가 중요하다는 것이엇다.

"그렇다고 실망할 필요는 없어. 고등학생이 되어서도 자세히 읽기를 제대로 실천하고 있는 친구들이 많지 않으니까."

"형, 나 이 책을 효과적인 독서 방법에 따라 제대로 한 번 읽어볼게."

"역시 우리 승철이는 똑똑한 어린이라니까!"

승철이의 효과적인 책읽기는 그렇게 시작되었다.

039 나의 독서 노트 3

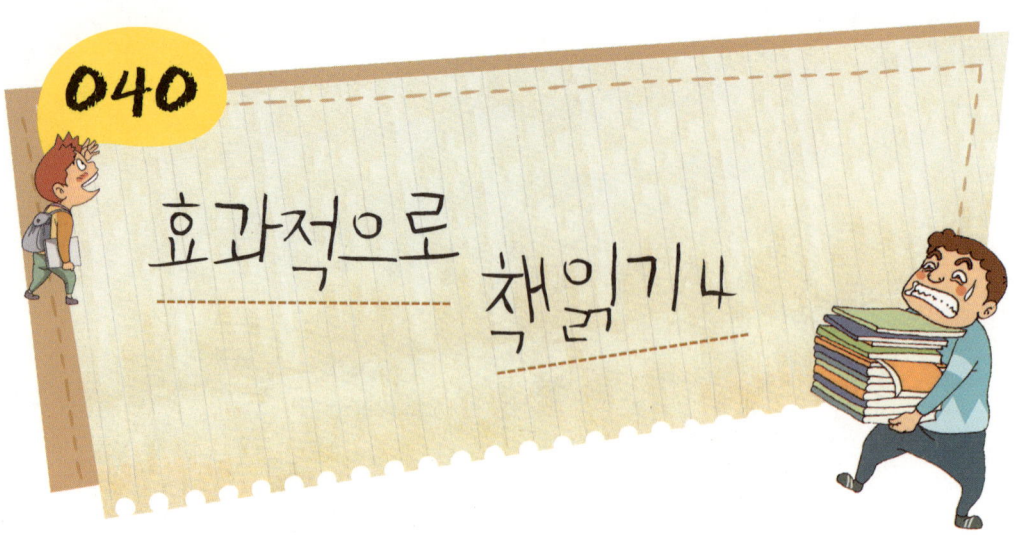

040 효과적으로 책읽기4

네 번째는 '되새기기' 라는 단계였다.

"되새기기 단계에서는 지금까지 읽은 내용을 요약하고 정리하는 거야."

"어휴, 복잡해! 책을 꼭 이렇게 복잡한 단계에 따라 읽을 필요가 있을까?"

"독서란 다른 사람의 사상이나 경험을 내 것으로 만드는 중요한 일이야. 다른 사람이 평생을 통해 연구해놓은 업적이, 또는 목숨을 걸고 결행했던 어떤 경험이 아무런 대가도 없이 쉽게 얻어질 수 있으리라고 생각하니?"

"아니, 그런 건 아니지만……."

승철이는 할 말이 없었다. 승우 형의 말이 백번 옳았기 때문이었다. 다만 승철이가 원하는 것은 만화책을 빗대어 설명해 주면 더 쉽지 않을까 하는 생각뿐이었다.

"이젠 만화책에서 벗어나 문학작품도 읽어야 한다고 했잖니?"

"형, 또 내 생각을 읽었어?"

승철이는 가슴이 철렁 내려앉았다. 하지만 승우 형은 아무런 대꾸도 하지 않고 하던 말을 계속 이어나갔다.

"그런데 읽고 있는 책이 여러 개의 소단원으로 나누어져 있다면, 그때그때 되새기기 단계를 밟는 것이 효과적이야."

"그러니까 한 권의 책을 전체적으로 되새김할 수도 있고, 경우에 따라서는 소단원별로 나누어서 첫 단계부터 세 번째 단계까지 해 나가도 된다는 말이야?"

"그렇지."

"나는 나누어서 할래."

"왜 그렇게 할 건데?"

"어찌된 셈인지 책을 읽다 보면 자꾸 앞 내용이 가물거리거든. 재미가 없는 책은 더더욱 그렇고. 그러니 그때그때 정리를 해버리는 게 좋지 않겠어?"

"그래, 너 알아서 하려무나."

잠시 쉬고 싶은 생각에 승철이는 재빨리 음료수를 가져와 탁자 위에 올려 놓았다.

041
되새기기

그런데 승우 형은 독서를 어떻게 하는지 궁금했다. 그래서 음료수를 마시다 말고 승철이가 입을 열었다.

"그럼 형은 어떤 방법으로 독서를 하는데?"

"내 경우에는 어떤 책을 읽느냐에 따라 결정하고 있어."

"예를 들어 설명해 줘."

"음, 그러니까 네가 지금 읽고 있는 〈다훈이의 비밀 일기〉 같은 동화나 가볍게 읽을 수 있는 소설책이라면 한 권 전체를 각 단계에 따라 읽어나가는 게 효과적이야."

"그럼 소제목별로 나누어 독서하는 것이 좋은 책은 어떤 종류야?"

"그런 책들은 비교적 어려운 편에 속한 것들이야."

"어려운 책?"

"예를 들자면, 학기 초에 받은 교과서를 동화책 읽듯이 가볍게 읽고 내용을 이해할 수 있는 학생은 아마 없을 거야. 그렇지?"

"당연히 그러겠지."

"따라서 교과서 같은 종류의 학습서나 유명한 과학자나 철학자의 저서와 같은 내용이 어려운 책들을 읽을 때는 소단원 별로 나누어서 독서 단계에 적용시키는 것이 바람직하다는 말이지."

승철이는 속으로 안도의 한숨을 내쉬었다.

"그럼 나는 아직 한 권을 전체적으로 읽어 나가면 되는 거네?"

"하지만 중학생이 되면 달라질 거야. 해야 할 공부도, 읽어야 할 책도 지금보다 훨씬 더 많아질 테니까……."

"어쨌든 난 지금 〈다훈이의 비밀 일기〉를 읽고 있으니 내 말이 옳잖아?"

"그래, 그래. 네가 옳다."

승우 형이 환하게 웃어주었다.

042 나의 독서 노트 4

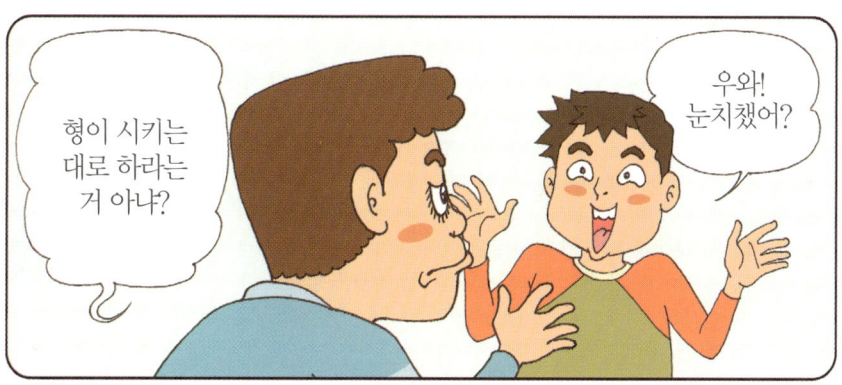

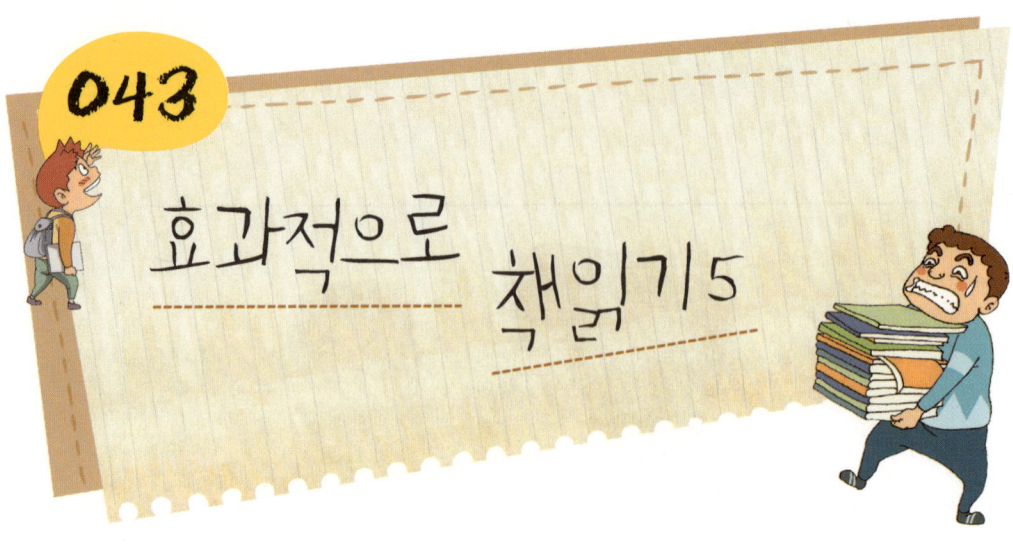

043 효과적으로 책읽기 5

 마지막 다섯 번째는 '다시 보기'를 하는 단계였다.

 다시 보기는 지금까지 읽은 내용을 꼼꼼하게 살펴보고 전체 내용을 정리하는 단계라는 것이었다. 승우 형 말에 따르면 '다시 보기'를 어떻게 하느냐에 따라 얼마나 바람직한 독서를 했는지 판가름된다고 했다.

 "우선 책장을 덮고 나서 네가 그동안 읽은 책의 내용을 처음부터 끝까지 찬찬히 음미해 보는 거야."

 "동화책도 그렇게 읽어?"

 "당연하지. 모든 문학작품이 주제를 담고 있다는 사실은 알고 있지?"

 "그럼! 그 정도야 기본인데, 뭘."

 "그렇다면 네가 읽은 동화를 쓴 작가가 그 작품을 통해서 무엇을 말하고 싶어 한 것인지를 생각해 볼 필요가 있지 않겠어?"

"아, 그러니까 마지막 단계에서는 국어 시간에 하는 것처럼 전체의 대강이나 주제 찾기를 하라는 말이네?"

"그것 말고 또 있어."

"그게 뭔데?"

"만약에 내가 동화 속 주인공이었다면 어떻게 했을까? 또는 만약 내가 그 동화를 썼다면 내용을 이렇게 썼을 텐데……, 하는 생각을 해보는 거지."

승철이는 고개를 끄덕였다.

"너 혹시 심청전 내용 알고 있어?"

"그럼, 설마 내가 그것도 모를까봐서 그래?"

"그렇다면 심청전을 읽고 과연 진정한 효도가 무엇인가를 생각해 볼 수가 있지 않겠니?"

"어떻게?"

"아버지의 눈을 뜨게 하기 위해서 공양미 삼백 석을 받고 죽어가는 것이 진정한 효도인지, 아니면 살아서 아버지를 극진하게 모시는 것이 진정한 효도인지를 생각해 보자는 거지."

"정말 그렇네……."

승철이는 갑자기 머리가 복잡해지는 듯한 느낌이 들었다.

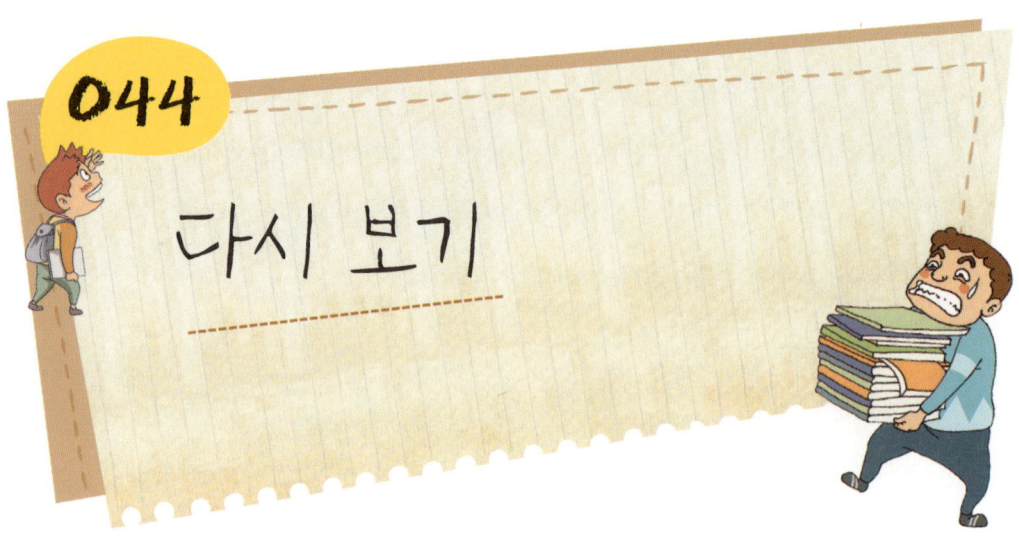

044 다시 보기

 승철이는 그동안 동화든 만화든, 책을 읽고 나면 그날 저녁 반드시 꿈을 꾸곤 했다. 그런데 꿈속에서는 그 내용이 낮에 읽었던 책과 똑같은 내용이 아니라, 불쌍한 주인공은 반드시 행복하게 살게 되었고, 주인공을 못살게 굴던 친구는 혼쭐이 나곤 했다.
 "그러니까 마지막 단계인 다시 보기는 독후감을 쓰기 위한 정리하고 생각하면 되겠네?"
 "바로 그거야! 독후감이란 독서 후 감상문, 다시 말하자면 책을 읽은 후에 내가 갖게 된 느낌을 글로 적은 것이거든."
 승철이는 조금 전에 얘기했던 심청이를 떠올렸다. 그런데 아무리 생각을 해보아도 심청이의 행동은 진정한 효도가 아닌 것만 같았다. 부모보다 먼저 죽은 것만큼 큰 불효는 없다는 말도 떠올랐다.

"그런데 형, 나는 심청이가 죽음을 선택한 것은 잘못된 일이라고 생각해. 왜냐하면 아버지가 그렇게 해서 눈을 뜨게 된다고 하더라도 결코 행복하지 않을 것이기 때문이야."

"그러니까 아버지가 비록 눈을 뜨지 못하더라고 살아서 극진하게 모시는 것이 진정한 효도라고 생각한다는 말이니?"

"그렇지. 자신의 눈을 뜨게 하기 위해 딸이 죽어갔다는 사실을 알게 되면 심봉사가 얼마나 괴롭겠어? 그건 효도가 아니라 오히려 가장 큰 불효를 저지른 거라고!"

"어쨌든 좋아. 그건 사람에 따라 생각이 제각각 다를 수 있기 때문에 어떤 것이 옳다고 단정 지을 수는 없겠지. 어쨌든 책을 읽고 나서 그렇게 네 의견을 정리해 기록하는 것이 독후감이야."

"그럼 〈다훈이의 비밀 일기〉 다 읽고 나서 독후감을 써볼 테니까 형이 좀 봐줄 수 있어?"

"당연하지! 얼마든지 봐줄 테니 열심히 읽고 써라, 내 이쁜 동생아!"

045 나의 독서 노트 5

제 3장

수학이랑 뒹굴자

046 수학 땜에 머리가 아파?
047 그렇다면 차라리 좋아해버려!
048 수학과 친구하기
049 예습이냐 복습이냐!
050 그것이 문제로다!
051 나는 복습을 선택했어!
052 잘못된 예습 습관
053 효과적인 예습 방법
054 내가 하는 수학 예습
055 다양한 길이 있는 수학
056 정답보다 풀이 과정이 더 중요해
057 내가 하는 수학 예습 2
058 모르면 무조건 질문하자
059 하나를 알면 서너 개를 깨우칠 수 있는 수학
060 나는 질문 노트를 만들었어!
061 수학은 손으로 푸는 거야
062 반드시 연습장을 준비하자
063 내가 쓰는 수학 연습장
064 무조건 외우려하지 마
065 먼저 이해부터 하는 거야!
066 암기와 이해의 차이점
067 쉬운 문제부터 시작하자
068 자신의 수준을 먼저 알아야
069 교과서와 문제집 하나면 끝!

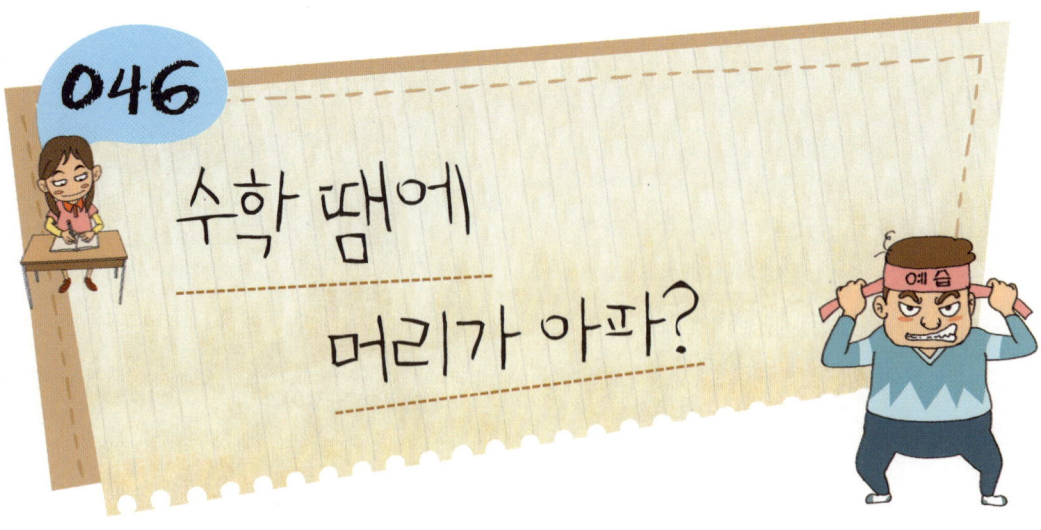

수학 땜에 머리가 아파?

승철이가 가장 힘들어하는 과목은 수학이었다.

언제부터 시작된 현상인지 알 수는 없었지만, 숫자나 기호만 보면 숫제 머리가 아파올 지경이었다. 그래서 다른 과목에 비해 수학 성적이 가장 낮은 편이었다.

그런데 승우 형 얘기를 듣다 보니 많은 학생들이 그런 증세를 보이고 있는 모양이었다.

"나 말고도 그런 사람들이 있단 말야?"

"넌 아직 초등학생이잖니!"

"그래서 다행인 거야, 아님 더욱 심각한 거야?"

"아직 수학이 뭔지 제대로 배워보지도 않은 녀석이 그렇다면 당연히 심각한 거 아니겠니?"

승우 형의 얘기를 듣고 나니 더욱 절망적이었다. 그렇다고 공부를 하지 않을 수도 없는 노릇이니, 뭔가 획기적인 방법을 찾아야만 하는 것이었다.

"형, 뭔가 좋은 방법이 없을까?"

승철이 심각한 표정으로 승우 형의 얼굴을 바라보았다.

"수학 공부 때문에 생기는 두통까지 즐겨야 성적이 오른다는 얘기가 있어."

"그게 무슨 말이야?"

"기왕에 해야 할 공부라면 즐거운 마음으로 하는 것이 보다 더 효과적이라는 말이지. 이를테면 수학을 잘 하려고 애쓰지 말고 차라리 좋아해 버리라는 거야."

승철이는 고개를 갸웃거렸다. 승우 형의 얘기가 알 것 같기도 하고 모를 것 같기도 하고, 여하튼 알쏭달쏭했기 때문이었다.

"뭐가 뭔지 잘 모르겠어. 아니, 형 말을 듣다 보니 더 머리가 복잡해지고 말았다고!"

"……."

이번에는 승우 형이 말문이 막히는 모양이었다. 승우 형은 머리를 절레절레 흔들고 있는 승철이를 망연자실한 표정으로 보고 있었다.

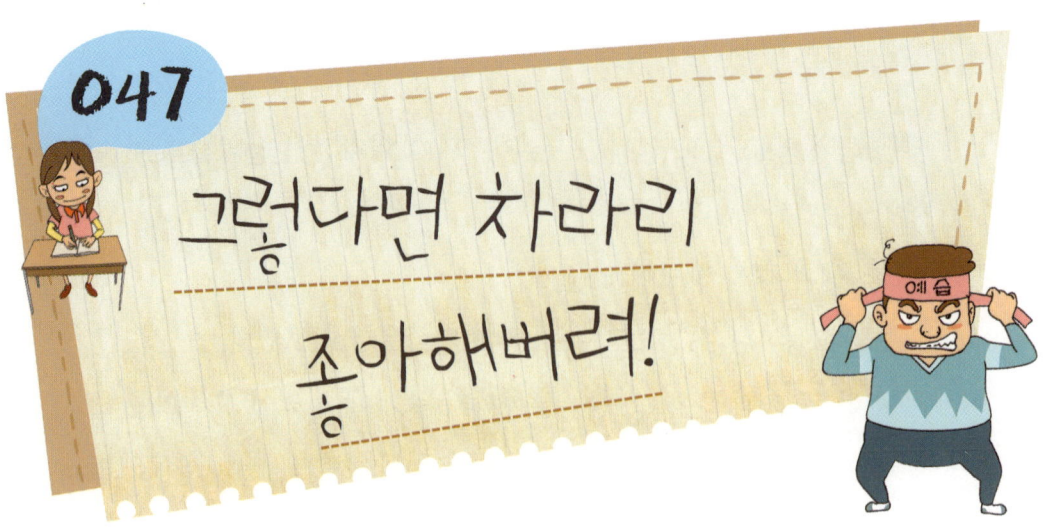

047 그렇다면 차라리 좋아해버려!

한참동안 생각에 잠겨있던 승우 형이 조심스럽게 입을 열었다.

"그러니까 머리 아픈 과목이라고 자꾸만 피하는 것보다 마음을 열고 다가서면 자연스럽게 좋아진다는, 그래서 친해질 수 있다는 거지."

"말은 그렇게 할 수 있을지 모르지만, 떠올리기만 해도 머리가 지끈거리기 시작하는 수학에 어떻게 다가설 수 있어?"

여전히 승철이의 고개는 끄덕여지지 않았다. 절대로 친하고 싶지 않은 과목을 억지로 다가서서 좋아하라니, 그렇게 하다가는 오히려 더 지독한 두통에 시달릴 것만 같았다.

"처음부터 더하기나 빼기를 잘하는 사람은 없어. 구구단 외우기를 좋아하는 꼬마들도 없지. 그렇지 않니?

"그거야 당연하지!"

"하지만 네 친구들 중에서 아직까지 더하기 빼기나 구구단을 모르는 아이는 아마도 없을 걸?"

"그럼, 우리가 지금 몇 학년인데?"

"바로 그거야!

"뭐가 그거라는 말이야?"

"네가 어렸을 때는 구구단이 어려웠지만 지금은 전혀 어렵다는 생각이 들지 않잖니?"

"그렇지."

"그건 네가 그동안 학년이 높아지면서 수학을 다양하게 접하다 보니 구구단하고 친해진 결과가 아닐까?"

"응? 그런가?"

결국 승우 형 얘기는 한가할 때 만화책과 함께 빈둥거리듯이, 틈이 날 때마다 수학책을 보면서 뒹굴다 보면 자연스럽게 거부감이 없어질 것이라는 말이었다.

초등학교 저학년 때 골머리를 앓게 했던 구구단이 지금은 아주 유치하게 여겨지는 것처럼……

하지만 승철이는 솔직히 승우 형의 그런 얘기가 가슴에 와 닿지 않았다.

048 수학과 친구하기

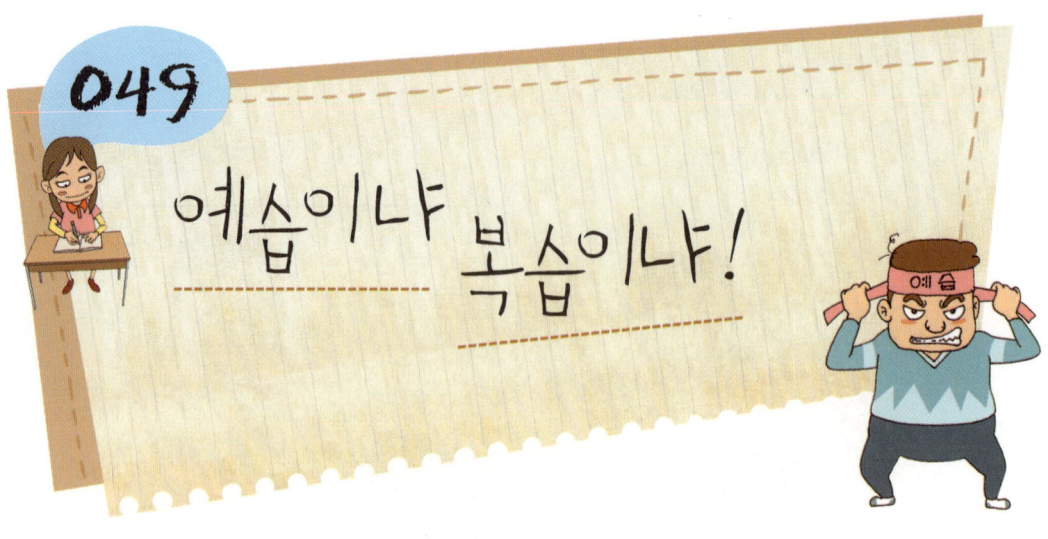

049 예습이냐 복습이냐!

"예습과 복습 중에서 한 가지만 선택해도 괜찮아!"

승우 형이 모처럼 구세주 같은 말을 했다. 맨 처음 수학이랑 친해지기 위해서는 예습이나 복습 중에서 한 가지만 선택해서 꼼꼼하게 하다 보면 길이 열릴 수도 있다는 것이었다.

"지금 농담하는 거 아니지?"

"그 대신 집중력을 최대한 발휘해야만 해!"

"정말 그래도 되는 거야?"

"아예 하지 않는 것보다 훨씬 더 낫지 않겠니?"

"그렇기는 하지만……."

수학은 대부분의 친구들이 지겨워하는 과목이다. 게다가 수업 시간도 다른 과목에 비해 많은 편이다. 그런데 처음부터 예습과 복습을 동시에 해야 한다고 강요하면 지레 질려버릴 수가 있다고 했다. 따라서 우선은 한 가지만 선택하라는 것이었다.

"수학이라는 과목을 좋아하고 싫어함을 떠나 성적이 좋지 않은 친구는 복습을 선택하고, 성적이 잘 나오는 경우라면 예습을 선택하는 것이 보다 효과적이라는 게 내 생각이야."

"왜?"

"네 말대로 두통을 최소화시키기 위해서지."

"그럼 난 당연히 복습 위주의 공부를 해야 되겠네?"

"수학이 그렇게 싫으니?"

"글쎄, 싫다는 표현 보다는 귀찮은 과목이라고 말하는 게 옳을 것 같은데……."

승철이는 자신의 느낌을 솔직하게 얘기했다. 곰곰이 생각을 해보니 수학이 싫은 것이 아니라, 숫자를 꿰맞추어 계산을 해내는 절차가 번거롭고 복잡해서 귀찮은 것이었다.

"좋아, 어쨌든 앞으로 나랑 같이 공부를 해보는 거야!"

"알았어."

하지만 승철이는 자신이 없었다. 승철이에게 수학은 늘 그런 과목이었다.

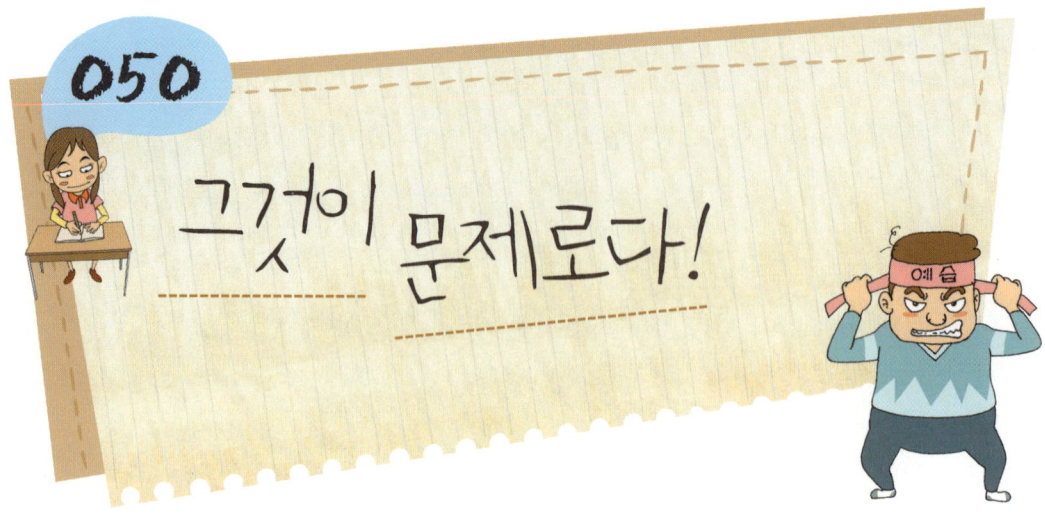

050 그것이 문제로다!

"수학 성적이 좋지 않은 친구들이 복습 위주로 공부를 해야 하는 이유는 너무나 명확해."

"왜 그런 건데?"

다음 시간에 배울 내용에 대해 전혀 아는 것이 없는 경우, 또는 책을 들여다봐도 내용 이해가 전혀 되지 않는 경우는 예습을 해봐야 아무런 도움도 되지 않기 때문이라는 것이었다.

"무작정 책을 본다고 해서 해결책이 생기는 건 아니잖니?"

"……."

승철이는 마음속으로 뜨끔했다.

승우 형이 마치 자신을 두고 하는 말처럼 들렸기 때문이었다.

"하지만 문제를 보고 나서 어떤 방법으로 풀어나갈 것인가를 고민할 수 있는 정도의 수준을 갖춘 친구라면 얘기가 달라지지."

"문제를 한 번 보고 나면 자신도 모르게 풀이 과정을 확인하기 위해 수업에 집중할 수밖에 없을 테니까 그런 거 아냐?"

"그래, 맞았어. 사람은 누구나 궁금증을 풀고자 하는 욕구를 갖고 있거든."

"그럼 난 뭘 선택하지?"

"그 결정은 너 스스로 하는 거야!"

승철이는 당연히 복습을 선택했다. 지난 학기동안 배운 문제를 하나씩 풀면서 모르는 것들은 승우 형의 도움을 받았다. 그렇게 해서 최소한 수학을 떠올리면 두통이 생기는 현상만큼은 없애고 싶었다.

"우리 승철이가 생각보다는 차분하게 잘 풀어 나가는데?"

"정말 그렇게 생각해?"

수학을 본격적으로 공부한지 일주일쯤 지나서 승우 형의 칭찬을 들었다. 그리고 또 한 가지, 지금처럼 계속하기만 한다면 이번 겨울방학이 끝나고 나서는 예습을 준비해도 괜찮을 것 같다는 희망 섞인 말도 있었다.

051 나는 복습을 선택했어!

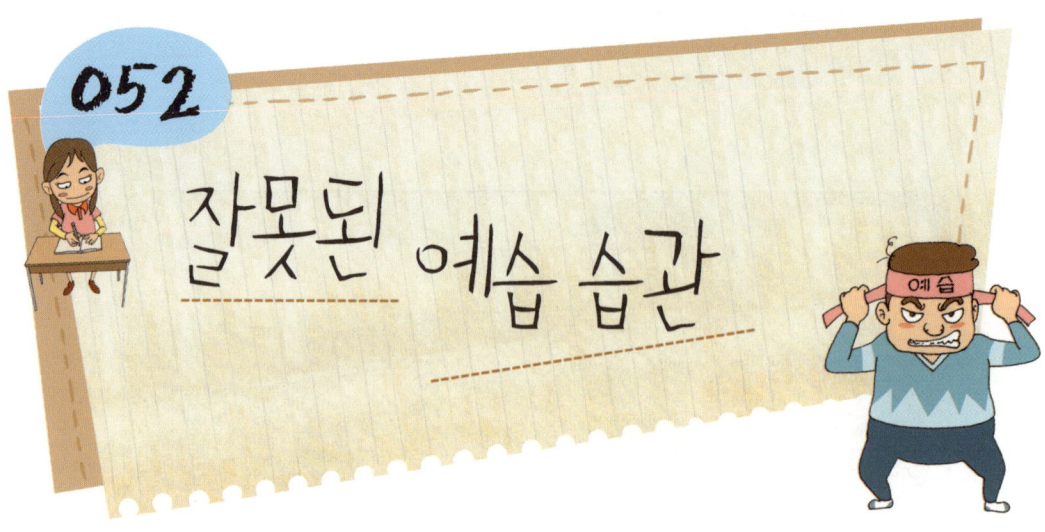

052 잘못된 예습 습관

　승우 형은 예습이라고 해서 무조건 다 좋은 것은 아니라는 말을 했다. 승철이는 예습이 좋지 않을 수도 있다는 말을 듣기는 처음이었다. 그런 만큼 이해가 되지 않은 얘기이기도 했다.
　"에이, 설마. 공부에 도움이 되지 않는 예습도 있단 말야?"
　"스스로를 건방지게 만드는 예습이 있어. 그런 예습은 차라리 하지 않는 편이 바람직하다는 말이지."
　"예습이 자기 자신을 건방지게 한다고?"
　승우 형은 고개를 끄덕였다. 도무지 이해를 할 수 없는 승철이는 그저 승우 형을 빤히 쳐다볼 수밖에 없었다.
　"수학이 아닌 암기 과목도 마찬가지야. 예습을 했다는 자만심에 빠져 선생님이 수업할 내용을 다 안다고 착각을 하는 경우를 말하는 거지. 그래서 가장 중요한 수업에 집중을 하지 않는다면 결과적으로는 손해를 볼 수밖에 없는 거야."

승철이는 그제야 승우 형의 말뜻을 이해할 수 있었다.

"학원에 다니면서 열심히 선행학습을 하고, 수업시간에는 꼬박꼬박 대답도 잘하면서도 시험 성적은 항상 신통치 않은 친구들 있지?"

"응, 우리 반에도 그런 아이들이 몇 명 있어."

"그런 아이들이 건방진 예습을 한 대표적인 예라고 생각하면 틀림없어. 그런 아이들은 대부분 자기 스스로 모든 것을 다 알고 있다고 생각하기 쉽거든."

"맞아, 시험이 다가와도 따로 준비하지도 않던 걸?"

"그래서 그런 예습은 차라리 하지 않는 것이 더 좋다는 거야."

승철이는 그제야 고개를 끄덕였다.

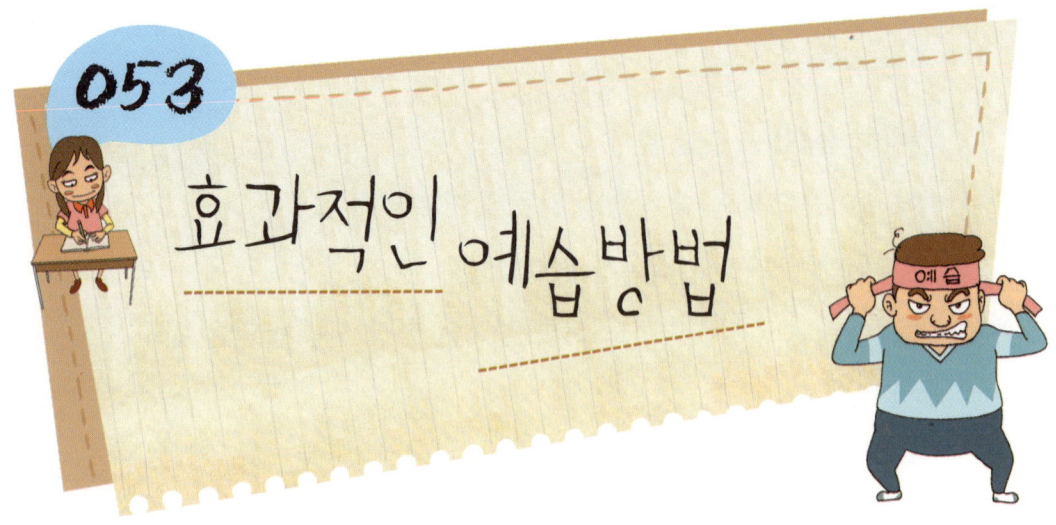

선생님의 강의를 보다 잘 이해하기 위해 하는 것이 예습인데, 어설픈 예습 때문에 정작 그 수업을 제대로 듣지 않게 된다면 실패한 예습이 될 수밖에 없을 것이었다.

"그런데 수학에서의 예습은 또 하나의 함정이 있어."

"수학 예습은 주의할 점이 하나 더 있다는 말야?"

"그렇지."

"그건 또 뭔데?"

"간단하게 말하자면 예습을 하면서 문제를 풀어가는 과정은 중요하게 여기지 않고 정답만을 기억해 버리는 경우를 말하는 거야."

"무슨 말인지 잘 모르겠어."

"많은 사람들이 '수학' 하면 숫자나 기호를 떠올리지만, 그것은 옳지 않은 생각이야. 수학에서 사용되는 숫자나 기호는 도구에 불과하기 때문이지."

"형 말이 더 어려워."

"우리가 수학이라는 과목을 통해 배우고자 하는 것은 단순한 계산력을 키우는 것이 아니야."

"그럼 수학을 통해 뭘 배우는 건데?"

"수학을 공부하는 목적은 계산보다 논리적이고 합리적인 사고력을 키우는데 있다는 말이지."

승우 형의 말에 따르면 수학은 정답이라는 결과보다 그 답을 이끌어내기 위해 문제를 풀어나가는 과정에 있다고 했다. 하지만 승철이는 아직 그 말이 알쏭달쏭하게만 들렸다.

"어떻게 된 게 형 말이 수학 문제 푸는 것보다 더 어렵게 느껴지냐?"

"그렇다면 보다 쉬운 예를 들어 설명을 해줄게."

"당연히 그래야지. 난 형처럼 우등생이 아니란 말야!"

승우 형은 그제야 연습장을 꺼내 그림을 그려가며 차분하게 설명을 하기 시작했다.

054 내가 하는 수학 예습

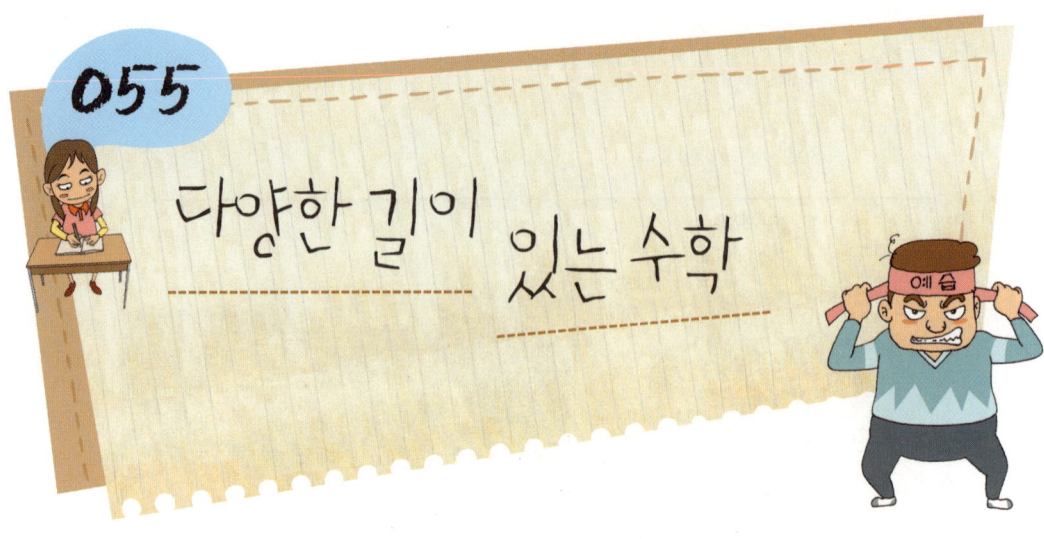

055 다양한 길이 있는 수학

　승우 형은 마치 초등학교 1학년 아이에게 셈을 가르치는 선생님처럼 연습장 위에 그림을 그리며 얘기하기 시작했다.
　"자, 잘 봐라. 예를 들어 여기에 있는 사과 50개를 10명에게 골고루 나누어줄 일이 생겼어."
　"다섯 개씩 나누어주면 되겠네!"
　"그렇지. 이런 경우는 워낙 쉬운 문제이기 때문에 우리는 특별하게 계산을 하지 않고도 5개씩 나누면 된다는 사실을 금세 알 수 있지."
　하지만 승우 형은 계산을 하지 않은 것이 아니라고 했다. 순간적으로 머릿속에서 암산을 한 결과가 정리되는 바람에 마치 계산을 하지 않고도 답을 얻은 것처럼 생각될 뿐이라는 것이었다.
　"너 역시 자신도 모르는 사이에 50이라는 숫자를 10으로 나누었을 거야. 그래서 떨어지는 숫자 5를 떠올렸겠지."

"나누기 말고는 다른 방법이 없잖아?"

"아니야, 잘 생각해 봐. 또 다른 길이 있을 거야."

"없다니깐 그러네!"

승철이는 승우 형이 자신을 지나치게 무시하는 것 같아 기분이 몹시 상했다. 그러나 승우 형은 여전히 잔잔한 미소를 머금은 채 말을 이어 나갔다.

"어떤 사람은 10명에게 사과를 하나씩 주면서 더하는 방법을 생각했거나, 사과 50개에서 하나씩 빼기를 해서 원하는 답을 얻을 수도 있어."

"어? 그렇네! 그렇다면 또 다른 방법도 있어?"

"사람 숫자에 사과 개수를 곱해가며 답을 얻는 방법이 있지 않겠니?"

승철이는 고개를 끄덕였다. 무척 간단한 문제였지만 그 해답을 얻는 방법은 생각보다 다양하다는 생각이 들었기 때문이었다.

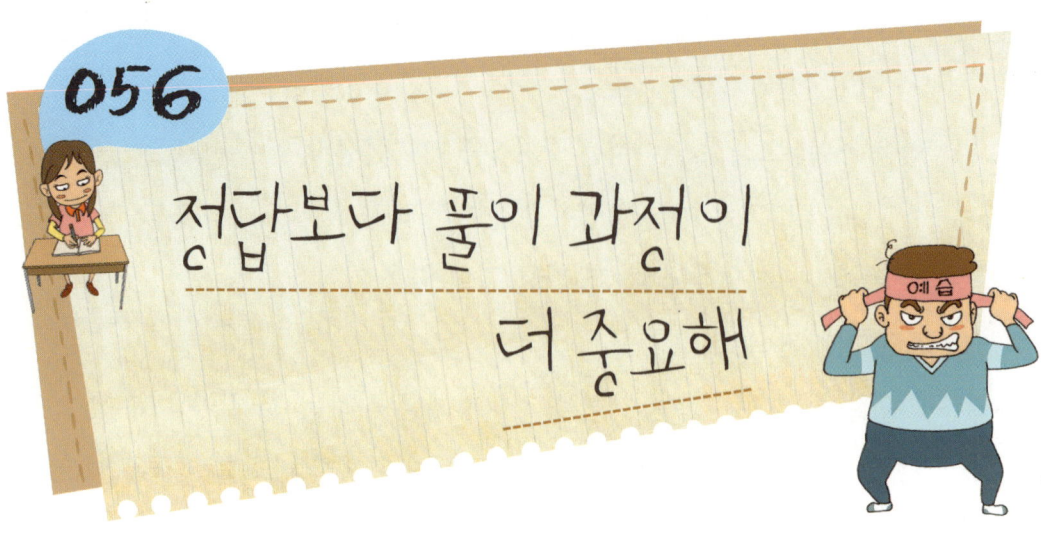

056 정답보다 풀이 과정이 더 중요해

　승철이는 순간적으로 짜증을 낸 스스로가 부끄러웠다. 그 정도마저도 생각해내지 못하는 자신이 바보처럼 느껴지도 했다.
　"여기에서 사과 50개를 10명에게 골고루 나누어 주는 것이 문제라면, 더하기나 빼기, 또는 곱하기나 나누기는 셈을 하는 방식, 즉 공식이라고 할 수 있어."
　"구구단도 공식이라고?"
　"공식이라고 하면 어렵고 복잡할 거라는 생각부터 버리는 것이 좋아. 구구단 역시 간단하기는 하지만 수학에서 가장 기초가 되는 공식이라고 할 수 있으니까……."
　"그렇구나!"
　"그런데 어떤 공식을 이용하면 가장 간단하면서도 정확하게 해답을 얻을 수 있는가 하는 것은, 사과를 나누어 주는 사람이

128

결정하게 되지."

"그런데 왜 정답보다는 풀이 과정이 더 중요하다는 거야?"

"효율성과 정확성 때문이지."

"효율성과 정확성?"

"만약 사과가 50개가 아니라 51개나 53개여서 나누어떨어지는 수가 아니라면, 나누기를 제외한 다른 공식으로는 정확하게 셈을 할 수가 없지 않겠어? 소수점이 생길 테니 말이다."

"정말 그렇네."

"게다가 해답을 얻기 위한 시간 역시 많이 필요하게 되지. 일일이 하나씩 더하거나 빼야만 할 테니 말이다. 그래서 어떤 공식을 적용해 어떻게 풀어나가 하는 것이 중요한 거야."

"……."

하지만 승철이는 아직도 고개를 갸웃거리고 있었다. 승우 형의 말이 한편으로는 이해가 되면서도 아리송한 의문점들이 남아 있었기 때문이었다.

057 내가 하는 수학 예습 2

058 모르면 무조건 질문하자

 승우 형은 수학 공부를 하는데 있어서 가장 중요한 또 하나의 요소는 부끄러움을 이겨내는 것이라고 했다. 모르면서도 마치 알고 있는 척 허세를 부리는 행위를 스스로 경계하라는 것이었다.

 "모르는 것은 부끄러운 일이 아니야. 내가 모르고 있다는 사실을 알게 된 순간부터 배우고 익히면 되는 거니까."

 "그거야 누구나 아는 말이지."

 "누구나 알고 있는 사실이지만, 누구나 실천을 하지는 않아."

 "……."

 승철이는 할 말이 없었다. 승우 형 말이 백번 옳았기 때문이었다.

 "정말로 부끄러운 것은 정답을 모른다는 사실이 아니라 모르면서도 아는 척 스스로를 속이는 짓이라고 할 수 있지."

"그건 그렇지만……."

"내가 아는 척을 한다고 해서 저절로 알아지는 것은 하나도 없어."

"그러니까 궁금한 게 있으면 누구에게나 무조건 질문하라고?"

"당연하지. 그리고 수업시간에 아는 문제가 나오면 혼잣말로라도 풀이 과정을 중얼거려가며 따라가는 거야."

"선생님이 지목도 하지 않았는데 중얼중얼 대답을 하라고? 그건 또 왜 그렇게 해야 하는데?"

"집중력을 최대화하기 위해서 그런 거야. 그렇게 대답을 하면서 수업을 하다 보면 다른 생각을 할 여지가 없어. 모든 신경이 문제가 풀어지고 있는 칠판을 향할 수밖에 없지 않겠니?"

"맞아, 그렇겠네."

하여튼 수학이란 쉬운 과목이 아니었다. 하지만 승철이는 지고 싶지 않았다. 기왕에 하기로 마음을 먹은 이상, 어떻게든 수학과의 싸움에서 이겨야 한다는 생각이 가득했다.

059 하나를 알면 서너 개를 깨우칠 수 있는 수학

"수업에 집중하다 보면 네가 예습할 때 어려워했던 부분을 선생님은 어떻게 풀어나가는지 정확하게 알 수 있지 않겠니?"

"그러니 집중을 위해서 중얼거리며 따라가 봐라?"

"주변 친구들의 시선이 따갑게 느껴진다면 반드시 소리를 내서 중얼거릴 필요는 없어. 마음속으로 할 수도 있잖니?"

"에이, 진즉 그렇게 얘기해 주지!"

승우 형은 다시 한 번 강조했다. 그런 과정을 거쳐 정확하게 어떤 문제의 풀이 과정을 익히게 되면 같은 종류의 비슷한 문제를 만나도 금방 풀어낼 수가 있다는 것이었다.

"교과서에 나오는 수학 문제는 수준이 갑자기 높아지거나 어려워지는 경우가 없어. 단계별로 조금씩 난이도를 더해가기 때문에 문제 하나를 정확하게 풀이할 수 있는 능력이 더욱 중요한 거야."

"한 문제를 풀 수 있다면 앞뒤로 서너 문제는 풀 수 있다는 말이네?"

"그렇지!"

"그래서 모르는 부분이 나오면 질문을 해서 확실히 익혀두라는 것이고……."

"바로 그거야!"

승우 형이 기꺼운 표정을 짓고 있었다. 승철이는 마음속으로 다짐했다. 수학을 비롯한 공부뿐만이 아니라 언제 어디서든 궁금한 것이 생기면 그 순간 질문을 하기로 한 것이다.

그래서 물었다.

"형, 그런데 형은 왜 여자 친구가 없어?"

"뭐라고? 이 녀석이!"

그 질문은 엉뚱하게도 꿀밤 한 대가 되어 승철이에게 돌아왔다.

060 나는 질문 노트를 만들었어!

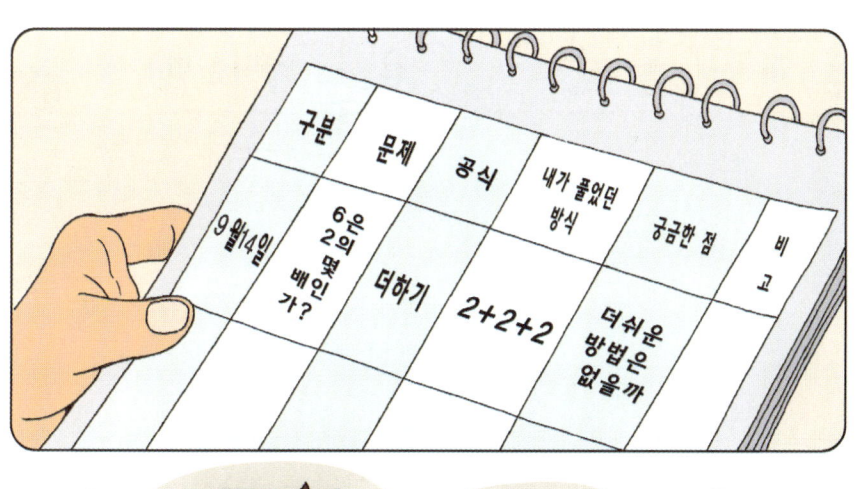

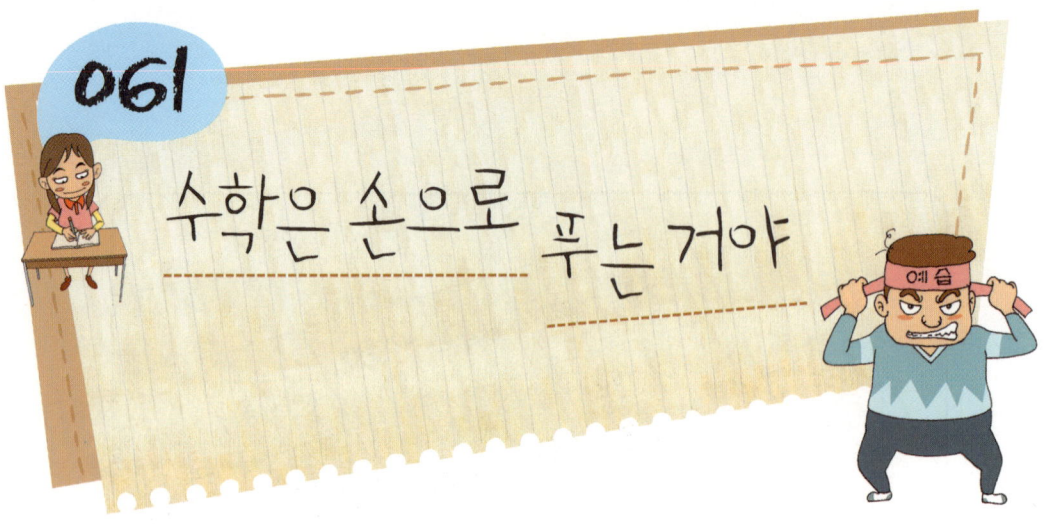

061 수학은 손으로 푸는 거야

 "많은 사람들이 수학은 머리 좋은 사람들이 잘하는 것으로 알고 있지만, 수학은 머리로 푸는 것이 아니라 손으로 풀어야 한다는 말이 있어."

 "수학 문제를 머리가 아니라 손으로 푼다고?"

 "직접 손으로 써 가면서 풀어가는 등 꾸준한 노력을 해야 성과가 있을 뿐만 아니라, 눈으로만 수학 문제를 푸는 것은 절대로 바람직한 방법이 아니라는 말이지."

 "아, 반드시 연습장에 문제를 풀어야 한다는 말이구나!"

 "그래, 그거야."

 승우 형 얘기에 따르면 수학 문제를 푸는 것은 운동과 같다고 했다. 남들이 운동하는 것을 보면 무척 쉬워 보이지만, 막상 직접 하려고 들면 만만치가 않다는 것이었다.

"무엇이든 몸에 익숙해야 친해지는 법이야. 텔레비전으로 보기에는 축구가 무척 쉬운 운동인 것처럼 보이지만, 직접 하다보면 공을 따라가기조차 힘들다는 사실을 깨닫게 되지."

"그런데 수학하고 축구 경기를 비교하는 것은 어울리지 않은 것 같은데?"

"그렇지 않아. 실력이 있고 없음을 막론하고, 실전에서의 경기력은 반드시 연습에서 나오는 거니까."

"하지만……."

"공을 실제로 만져보지 않은 사람이 경기에 나가면 자신의 몸과 공은 따로 놀게 되어 있어. 익숙하지 않기 때문이지. 따라서 슈팅은 물론, 제대로 된 패스조차 정확하게 할 수가 없는 거야."

동물적인 감각이라는 게 그냥 생기는 것이 아니라고 했다. 그 감각은 끊임없는 연습을 통해 키워진다는 것이었다. 승철이는 승우 형의 말이 한편으로는 이해가 되면서도 고개가 갸웃거려졌다.

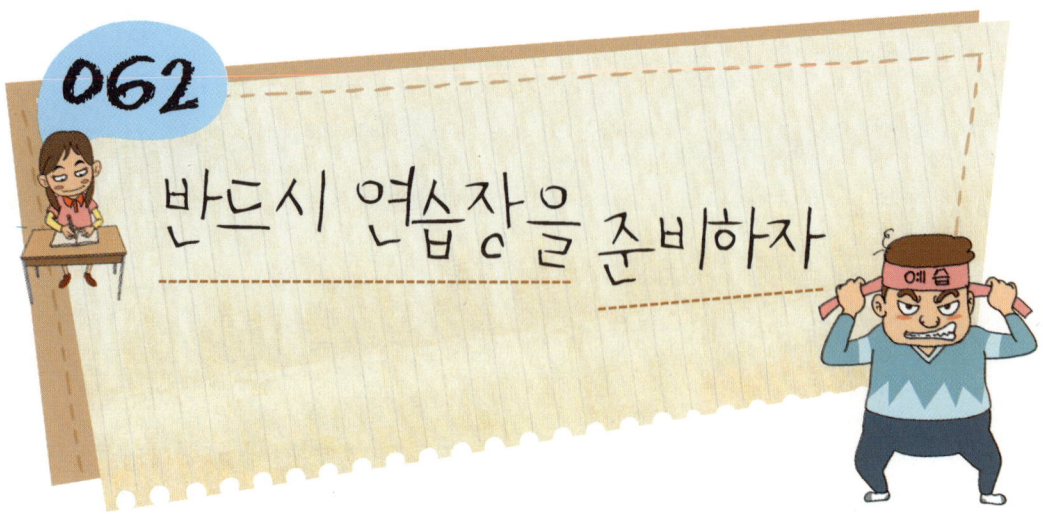

062 반드시 연습장을 준비하자

승우 형의 설명은 계속되었다.

"수학 문제를 눈으로 푼다는 건 다른 사람이 운동하는 것을 관중석에서 지켜보거나 텔레비전 중계를 보는 것과 같아."

"눈으로 하는 것도 공부잖아."

"그렇기는 하지. 하지만 그것은 이론에 불과할 뿐이야. 경기의 전체적인 룰을 알 수 있을 뿐이라는 말이지."

"그렇다면 손으로 푸는 것과는 어떤 차이가 있는데?"

"연습장에 써가면서 문제를 푼다는 건 다르지. 관중석에서 남들이 하는 경기를 관전하는 것이 아니라 자기 스스로 그라운드에 서서 골을 넣기 위한 길을 찾아야만 하니까……."

"뭐가 뭔지 잘 모르겠네."

"연습장에 기록을 하면서 문제를 풀었다는 건, 그 문제를 풀기 위해 최소한 세 번은 생각했다고 할 수 있어."

"세 번?"

"문제를 풀어나가는 과정에서 쓰기 전에 한 번, 쓸 때 한 번, 그리고 쓰고 나서 한 번 생각할 수밖에 없으니까."

"허, 그렇네!"

"그리고 문제를 많이 풀다 보면 손끝에 생긴 동물적인 감각이 머리보다 먼저 문제를 풀어갈 수도 있다는 말이 있어. 실제로 나도 그런 경험을 해본 적이 있고……."

손끝에 수학 문제를 푸는 동물적인 감각이 생기는지에 대해서는 나중에 알게 될 일이었다. 하지만 수학 문제는 연습장에 기록해 가면서 푸는 것이 바람직하다는 말에는 전적으로 공감할 수 있었다.

063 내가 쓰는 수학 연습장

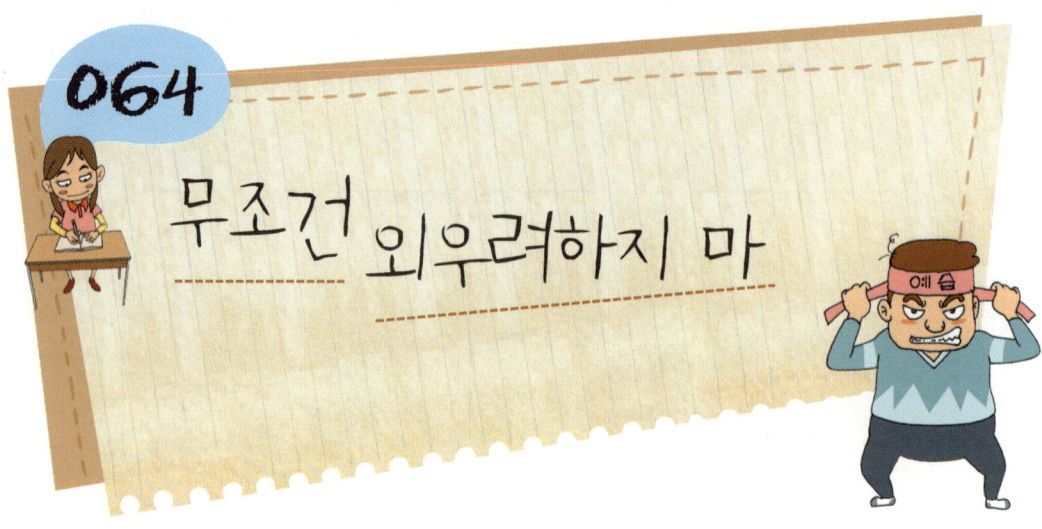

064
무조건 외우려하지 마

    승우 형은 수학이 국어와도 밀접한 관련이 있는 과목이라고 했다. 수학에서 사용하는 단어를 용어라고 하는데, 용어의 뜻을 정확하게 이해하지 못하면 요구하는 질문의 요지를 제대로 파악할 수 없으므로 문제를 풀 수가 없다는 것이었다.

  "그래서 용어는 물론, 공식을 무조건 외운다는 것은 그다지 큰 의미가 없는 거야."

  "그런데 공식이나 용어는 무조건 외우라고 하잖아?"

  "누가 그런 말을 해?"

  "누가? 글쎄……."

  승철이는 가만히 생각해 보았다. 그런데 공식이나 용어를 무조건 외워야 한다고 얘기해준 사람이 생각나지 않았다. 아니, 어떤 사람도 그렇게 해야 한다고 말을 해준 적이 없었다.

"어디서부터 잘못되었는지 알 수는 없지만, 그런 선입견이 수학을 더욱 어려운 과목으로 인식하게 하고 있어. 그 공식이라는 것을 이해하지 않고 그냥 보면 무척 어렵고 복잡하기 마련이니까 말야."

"그러니까 우선 이해부터 하는 게 순서라는 말이네?"

"당연하지. 왜 그런 공식이 나오게 되었는지 이해가 되지 않은 상태에서 무조건 외워둔다고 해도, 언제 어떻게 그 공식을 대입해야 하는지를 알 수 없기 때문에 소용이 없다는 말이지."

"하여튼 수학은 어려워."

"이해하기 시작하면 다른 과목보다 훨씬 더 재미있는 게 수학이야!"

"수학이 재미있다고?"

"그럼! 문제를 풀어 정답을 이끌어 낸다는 것은, 녹색 그라운드에서 상대방 선수들을 요리조리 제친 다음 골을 넣는 것과 같은 거 아니겠냐?"

"허걱!"

수학과 축구의 재미를 동일시하는 승우 형의 논리에 승철이는 할말을 잃고 말았다.

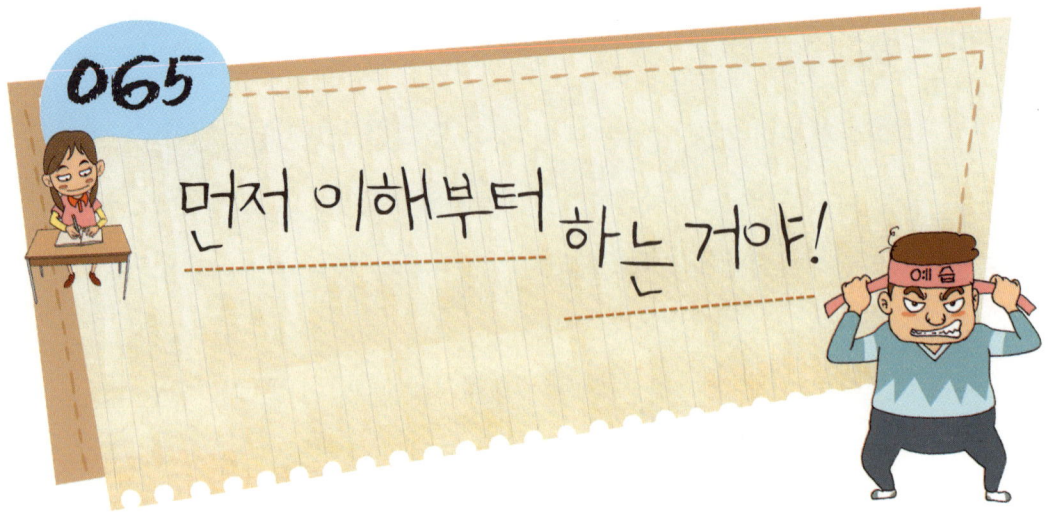

065 먼저 이해부터 하는 거야!

승철이가 고개를 갸웃거리자 승우 형은 구구단을 예로 들어 설명해 주었다. 형은 자신만의 소견이지만, 우리나라의 많은 학생들이 수학을 싫어하는 이유가 구구단에 있다는 생각을 지울 수가 없다는 것이었다.

"우리나라는 초등학교에 들어가자마자 구구단을 외우는 것을 지극히 당연한 일로 여기면서, 그것을 얼마나 빨리 외웠는가에 따라 천재가 되기도 하고 둔재로 전락하기도 하는 것이 현실이야."

"구구단이 중요한 것은 사실이잖아?"

"중요하지 않다는 말이 아니라, 무조건 외우려 들지 말고 이해부터 시켰어야 한다는 말이지. 만약 구구단이라는 것을 이해한 다음 암기를 시작한다면 그다지 어렵지도 않을 뿐만 아니라, 숫자에 대한 공포도 생기지 않을 거야."

"결국은 학교에 들어가자마자 처음으로 하게 된 구구단 외우기가 수학을 싫어하게 만들어 버리고 말았다는 말이네?"

"지금 네가 구구단을 쉽게 여기는 것은 초등학교에 입학하자마자 외워두었기 때문이 아니라, 시간이 흐르면서 구구단이라는 것을 이해할 수 있게 되었기 때문이야."

"그런 거 같아. 만약 구구단이 아직껏 이해되지 않았다면 벌써 까맣게 망각하고 말았겠지. 한 번 외운 뒤에는 다시 쳐다보지도 않았으니 말야."

"수학에서 나오는 다른 공식들도 마찬가지야. 왜 그런 공식이 나오게 되었는지를 이해하고 나면 모든 것이 쉬워질 수밖에 없어."

승철이는 그제야 형의 말을 이해할 수 있었다. 어쩌면 자신도 구구단 외우기 때문에 수학이 무서워졌는지도 모른다는 생각을 하며 고개를 끄덕였다.

066 암기와 이해의 차이점

067 쉬운 문제부터 시작하자

"내 친구 중에는 마음을 다잡고 수학을 정복해 보겠다고 다짐을 했다가 아예 포기해 버린 아이도 있어."

"우리 반에도 수학은 아예 쳐다보려고 하지 않은 아이가 있는데……."

"그런데 그 친구가 들고 있는 문제집을 봤더니 그럴 만도 하겠다는 생각에 고개가 저절로 끄덕여지더라."

"왜, 그 수학 문제집이 잘못된 거였어?"

"지금이 어떤 세상인데 잘못된 문제집이나 참고서가 서점에 있겠냐? 그 문제집을 선택한 친구에게 원인이 있었던 거지."

"……."

"문제집은 교과서와 달라서 난이도 차이가 있을 수밖에 없어."

"아, 그러니까 문제집을 살 때는 반드시 자신의 수준에 맞는 것을 선택해야 한다는 거구나?"

"그렇지. 자신의 실력에 비해 문제집의 수준이 지나치게 낮으면 흥미를 잃기가 쉽고, 난이도가 너무 높은 경우에는 지레 질려 버릴 가능성이 있지 않겠니?"

"맞아. 어려운 문제는 한두 개만 풀어도 머리가 지끈거리거든."

승우 형은 공부란 누구에게 보여주기 위해 하는 것이 아니라고 했다. 스스로 자신의 꿈을 이루기 위해 벽돌을 한 장씩 쌓아 나가는 과정이라는 것이었다.

"어쩌면 그 친구는 다른 아이들한테 폼을 잡고 싶었는지도 모른다는 생각이 들더라. 마음을 다잡고 공부를 시작하면서 '나는 적어도 이런 정도 난이도의 문제집을 풀고 있어' 하고 말야."

승철이는 고개를 끄덕였다.

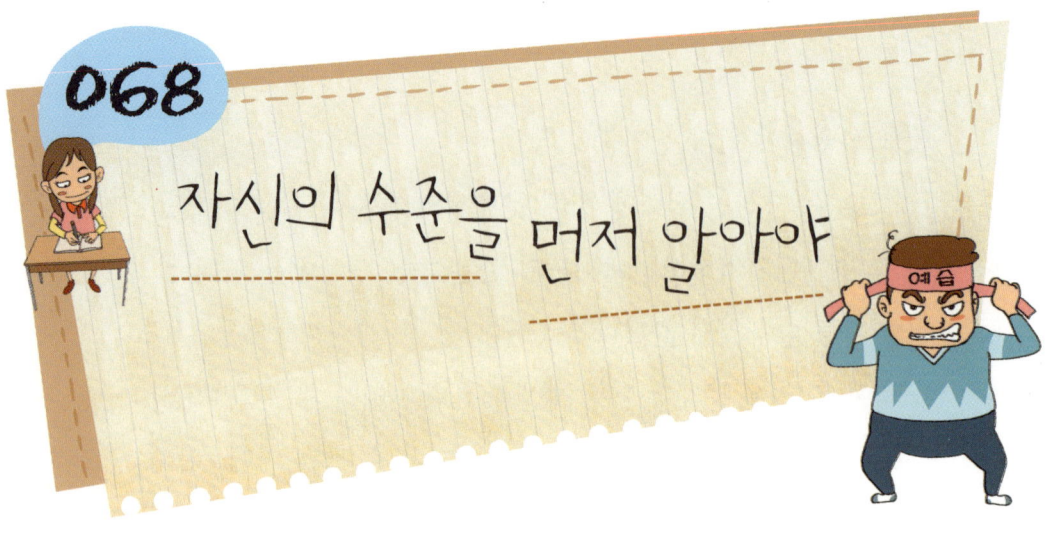

068 자신의 수준을 먼저 알아야

　아직 초등학생인 승철이는 수학 문제의 난이도가 그처럼 차이가 있을 거라는 생각을 아직껏 해본 적이 없었다.
　"똑같은 문제집인데도 수준차이가 그렇게 많이 나는 거야?"
　"학년이 올라갈수록 다양한 수준의 문제집이 나와 있어."
　"아, 그렇구나!"
　"너도 고등학생이 되면 알게 되겠지만, 자신의 수준에 맞는 걸로 선택하는 게 학습효과를 최대화시키는데 결정적인 요소가 되는 거야."
　"그런데 형의 친구 같은 경우는?"
　"그 친구는 자신의 실력에 비해 최소한 서너 단계나 높은 문제집을 선택했던 거지."
　"그래서 어떻게 되었어?"

"얼마 전에 수학이라는 과목을 아예 포기하겠다고 선언하고 말았어. 물론 아직 시간이 있으니까 다시 시작하면 되겠지만, 그로 인해 엄청나게 많은 시간을 허비하고 만 거야."

승우 형의 말에 따르면 자신이 설령 중학생이라 할지라도 곱하기나 나누기를 제대로 할 수 없는 실력이라면, 아예 그것부터 차분하게 시작하라는 것이었다. 그 대신 꼼꼼하게 이해를 하면서 실력을 한 단계씩 쌓아가다 보면 금세 다른 친구들을 따라잡을 수 있을 것이라고 했다.

"형, 그럼 나는 초등학교 3학년 수학부터 다시 할게."

"……"

승철이는 형의 충고를 전폭적으로 받아들였다. 그래서 아예 초등학교 3학년 수학 교과서부터 다시 시작하기로 결정했다.

069 교과서와 문제집 하나면 끝!

제 4장

영어가 쉬워졌어요!

070 무조건 듣자!
071 듣고 또 듣자!
072 자막 없는 만화영화 보기
073 자막 없는 영화 보기
074 영화 보고 따라하기
075 영화 보기도 공부야!
076 단어보다는 문장을 익히자
077 익힌 문장은 활용하자
078 알고 있는 문장 활용하기
079 외국인과의 대화를 두려워하지 말자
080 일단 부딪쳐 보는 거야!
081 외국인에게 길 안내하기
082 영어사전이랑 놀자
083 사전은 단어장이 아니야!
084 사전이랑 친구하기
085 단어장을 만들자
086 단어장의 중요성
087 단어장 활용법
088 영어공부에서 욕심은 금물!
089 영어는 꾸준한 노력밖에 없다
090 간단한 문장, 영어로 만들기

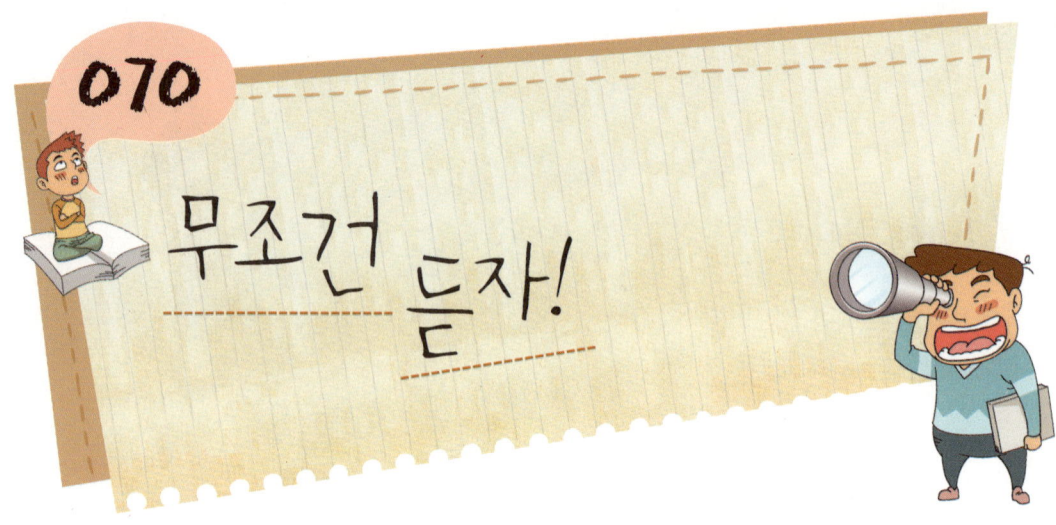

070 무조건 듣자!

　방학이 절반쯤 지난 어느 날 오후였다.
　잠시 밖에 나가 친구들과 한바탕 뛰어놀고 들어와 보니 승우 형이 CNN 뉴스에 푹 빠져 동생이 들어온 것조차 모르고 있었다. 살짝 심통이 난 승철이가 쏘아붙이듯 물었다.
　"형, 뭔데 그렇게 열심히 보고 있어?"
　"응? 언제 들어왔니?"
　"마치 미국 뉴스를 알아듣는 사람 같은 표정을 하고 있네?"
　"내 표정이 그랬어?"
　"누가 보면 영어를 잘하는 사람인줄 알겠네!"
　"잘하기는……, 그런 건 아니야."
　"지금까지도 형 얼굴이 심각하잖아!"
　승철이의 심통이 계속되자 승우 형이 변명하듯 말했다.

"아, 방금 뉴스에서 아프리카 소말리아 부근 해적들에게 억류된 우리나라 사람들이 쉽게 석방될 것 같지 않다고 해서……. 안타깝고 불쌍하잖아. 아마 그래서 내 표정이 굳어 있는 모양이다."

"우리나라 뉴스에서는 곧 풀려날 수 있을 거라고 했잖아? 여러 경로를 통해서 협상을 진행하고 있다고……."

"미국 사람들이 보는 시각은 우리와 다를 수도 있지. 세계적인 정보망도 우리나라와는 비교도 되지 않을 만큼 뛰어난 나라이기도 하고……."

그런데 승철이는 갑자기 이상한 생각이 들었다.

'정말로 뉴스를 이해하고 있었던 건가?'

이제 겨우 고등학교 1학년인 승우 형이 CNN 뉴스 내용을 파악하고 있다는 사실을 이해할 수 없었던 것이다.

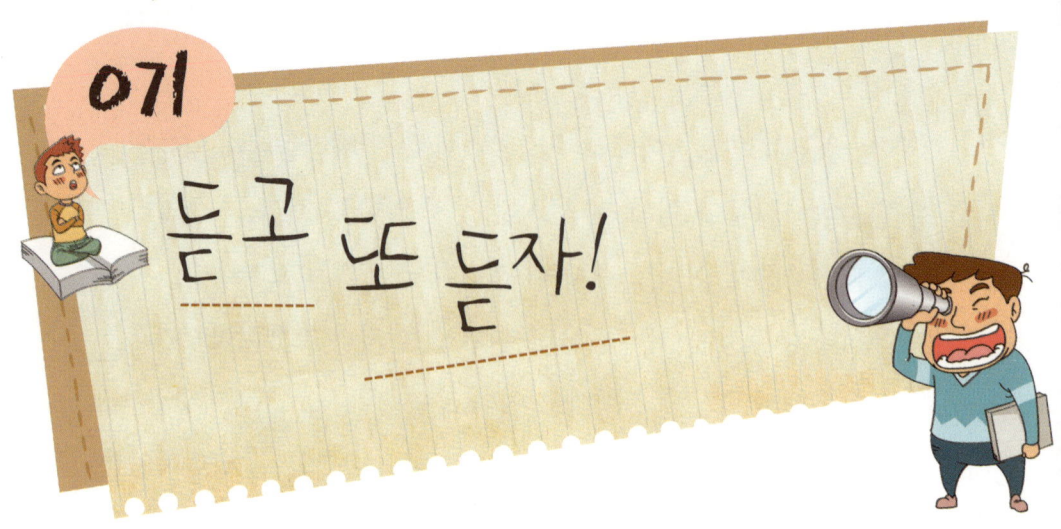

071 듣고 또 듣자!

어쩌면 승우 형의 자존심을 건드릴 수도 있다는 생각 때문에 한참을 망설이다가 승철이 머뭇거리며 물었다.

"그런데 형!"

"왜? 말해."

"그러니까……, 형은 영어 뉴스를 알아들을 수 있어?"

"아, 그거?"

"CNN 뉴스를 알아들을 수 있냐고?"

"전부는 아니지만 뉴스 내용이 무엇인지 정도는 알지."

"우와! 우리 형 대단하다. 아직까지 한 번도 미국에 가본 적이 없는 형이 어떻게 그럴 수가 있지?"

승철이는 승우 형이 그 어떤 사람보다 위대하게 느껴졌다. 난생 처음으로 사람을 존경하는 마음이 이럴 때 생기는구나 하는 생각이 들 정도였다. 그러나 승철의 호들갑에 승우 형은 오히려 쑥스러운 표정을 지었다.

"네가 생각하는 것처럼 대단한 거 아냐."

"대단하지 않기는? 난 형이 얼마나 자랑스러운데!"

"아니라니까. 어쩌다가 거리에서 마주친 외국인이 길이라도 물어오면 지금도 혀끝이 바싹 얼어 말이 제대로 나오지 않는걸!"

형은 어렸을 때부터 미국 만화영화를 많이 봤다고 했다. 직장 때문에 함께할 시간이 부족한 큰엄마가 아들을 위해 궁여지책으로 생각한 것이 영어 만화영화 원본 테이프였다.

"말이라는 게 맨 처음 듣기부터 시작하잖니. 듣고 나서 익숙해지면 앵무새처럼 따라 하게 되고, 그 다음에는 자신이 한 발음과 그 속에 담긴 뜻을 연결시키는 거야."

결국 형의 영어실력은 만화영화부터 시작되었다는 얘기였다.

072 자막 없는 만화영화 보기

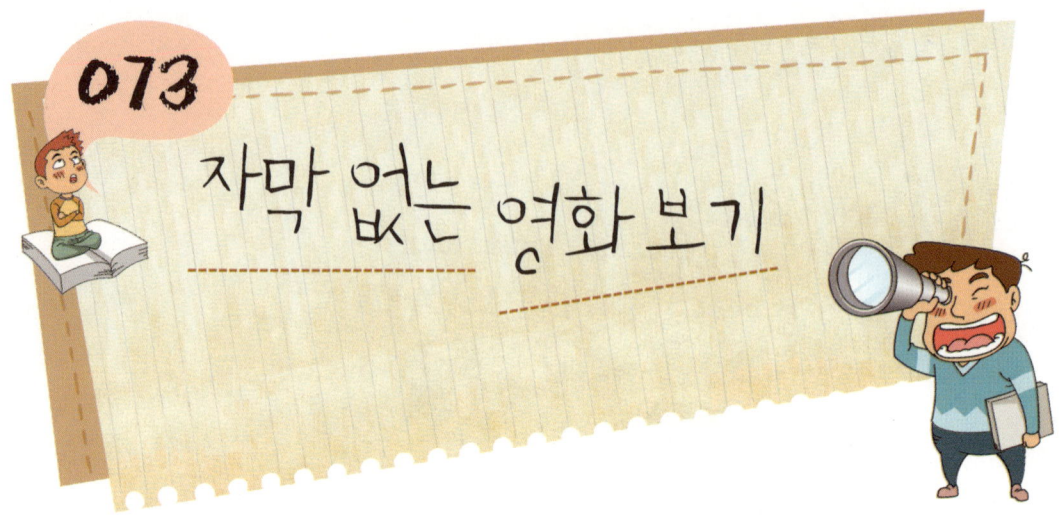

073 자막 없는 영화 보기

"처음에는 만화영화만 봤지. 그런데 언젠가부터 만화영화가 아닌 고전 명작 영화나 가족 드라마를 보게 하시는 거야."

하지만 그 역시 우리말 더빙이나 자막이 추가되지 않은 것들이었다고 했다.

"그럼 재미가 하나도 없었을 텐데……."

승철이는 입맛을 쩝쩝 다셨다. 만화 이야기를 한참 할 수 있었는데, 갑자기 화제가 다른 장르로 넘어가 버렸기 때문이었다.

"만화영화를 통해서 영어와 친해지는 데는 한계가 있어."

"어차피 영어로 대사를 하는데 왜 그럴까?"

"제대로 된 발음을 하기 위해서는 입술의 움직임을 보면서 따라 배워야 하는데, 아무리 섬세하게 그린 만화영화라 할지라도 그것만은 불가능하기 때문이지."

"그렇다면 큰엄마는 순전히 형이 영어랑 친해지게 하기 위해 어렸을 때부터 그렇게 했던 거야?"

"그래. 우리 엄마가 영어선생님이잖니?"

"아, 그렇구나!"

"나를 직접 가르치고 싶었지만 시간이 여의치 않고……, 그래서 고민 끝에 생각해 내신 게 바로 그 방법이었단다."

"우와! 큰엄마 진짜 짱이다!"

"녀석도, 참!"

"그런데 나한테도 그렇게 하라고 하시지. 만약 그랬더라면 지금쯤 나도 형처럼 CNN 뉴스 볼 수 있을 거 아냐?"

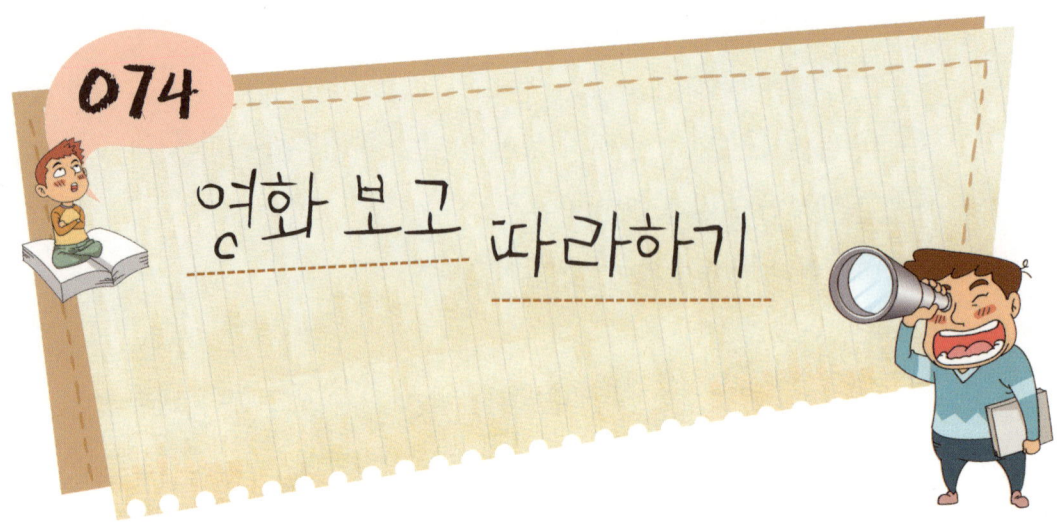

074 영화 보고 따라하기

형은 아직 늦지 않았다고 말했다.

전문가들의 얘기에 따르면 사람은 언어습득장치라는 것을 갖고 태어나는데, 사춘기에 접어드는 13~14세까지는 그 장치가 왕성하게 활동한다고 한다. 따라서 그 이전에 시작하기만 한다면 누구라도 외국어를 모국어처럼 자유자재로 사용할 수 있다는 것이었다.

"지금부터 시작해 보는 거야."

"정말?"

"재미있는 만화영화도 실컷 보고, 영어도 배우고……, 그거야말로 네가 바라던 거 아니니?"

"그럼 형이 우리 엄마한테 말 좀 해줘. 내가 말하면 우리 엄마는 분명히 놀고 싶어서 잔꾀 부린다고 야단만 치실 거야."

"그럴게. 네가 공부를 하겠다는데 내가 도와줘야지."

"승우 형, 최고!"

그렇게 해서 승철이는 영어만 나오는 만화영화와 드라마를 보기 시작했다. 처음에는 그런대로 재미가 있었다. 하지만 시간이 흐를수록 짜증이 났다. 거의 외우다시피 한 만화를 보고 또 보고, 듣고 또 듣고 하다 보니 나중에는 머리가 뱅글뱅글 도는 것만 같았다.

"그래도 포기하지 마. 분명히 많은 도움이 될 테니까. 영화에 나오는 대사 한마디 한마디가 머릿속에 모조리 박힐 때까지 보고 또 보는 거야."

"알았어, 형!"

대답은 그렇게 했지만 승철이는 기운이 빠졌다. 재미있게 공부하는 방법은 정말로 없는 걸까 하는 생각과 함께.

075 영화 보기도 공부야!

제4장 영어가 쉬어졌어요!

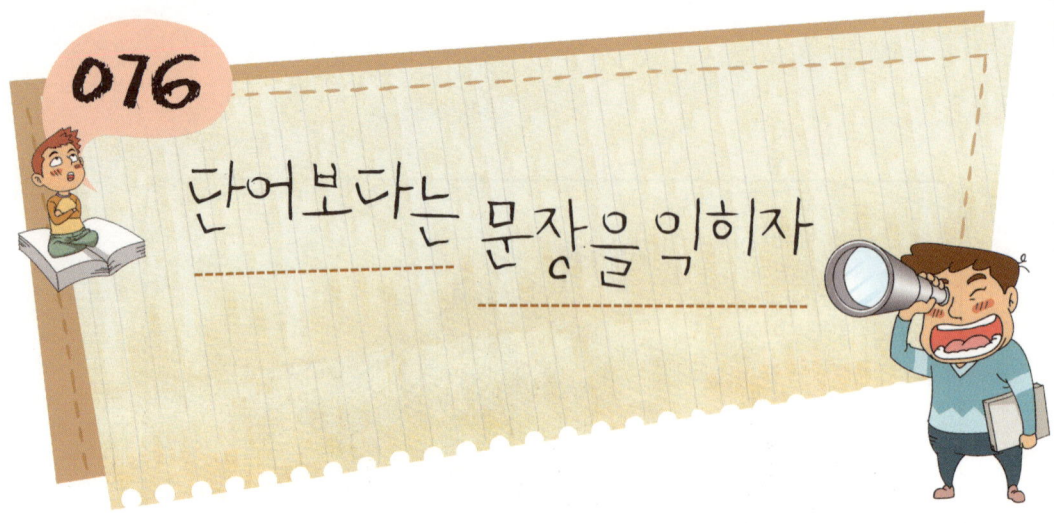

076 단어보다는 문장을 익히자

"나는 영어선생님인 엄마 덕분에 일찍감치 영어랑 친해진 특별한 경우라고 할 수 있어. 하지만 영어를 늦게 접한 대부분의 다른 친구들은 영어에 대한 모든 것들이 낯설 수밖에 없지."

거의 모든 사람들이 영어 하면 단어를 떠올린다고 했다. 마치 단어를 많이 외우고 있으면 영어공부는 끝이라는 생각을 하고 있다는 것이다. 그런데 승우 형은 다른 생각을 갖고 있었다.

"많은 단어를 암기하고 있다고 해서 올바른 문장을 만들 수는 없어.

"그래도 영어는 단어 암기가 생명이라고 하잖아?"

"단어만을 암기한다고 끝나는 게 아니야. 영어와 우리말은 어순이 다르기 때문에 더더욱 그렇지."

"어순? 그게 뭔데?"

"문장을 이루고 있는 단어의 배열 순서를 어순이라고 하는 거야."

"……."

승철이는 또 입을 닫고 말았다. 우리말임에도 불구하고 무슨 말인지 이해를 할 수가 없으니, 다른 방법이 없었던 것이다.

"이를테면 우리말로는 '나는 소년이다'라는 말을 영어에서는 '나는, 이다, 소년' 즉 'I am a boy'라고 표현하잖니."

"아, 이제야 무슨 말인지 알겠네."

"그런 이유 때문에 단어를 하나씩 외우는 것보다는 문장을 통째로 익히는 것이 바람직하다는 생각을 하는 거야."

승우 형의 말에 따르면 영어와 친해지는 가장 좋은 방법은 짧게나마 영어를 말하고 쓸 수 있어야 한다고 했다. 그러기 위해서는 우선 간단한 문장을 익혀두는 게 가장 바람직하다는 것이었다.

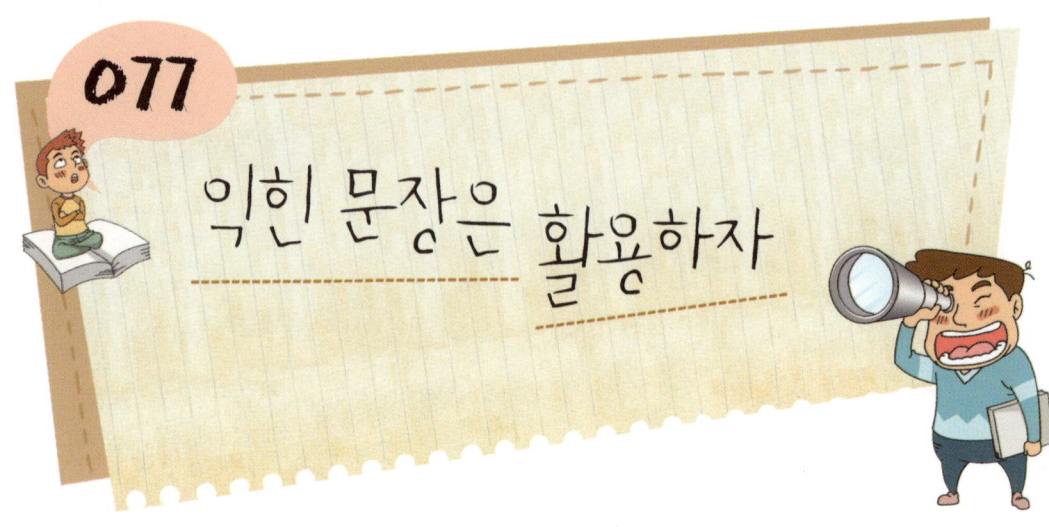

077 익힌 문장은 활용하자

암기에 대한 얘기가 나오자 승철이는 또 울상이 되고 말았다.
"하지만 문장을 암기한다는 게 쉬운 일은 아니잖아?"
"아무 생각 없이 무작정 외우려고만 든다면 그럴 수도 있지."
"그럼 특별한 방법이라도 있다는 말이야?"
"한 발짝만 더 나아가 생각하면 해답은 명쾌해져."
"형 말은 너무 어려워."
"쉽게 말하자면, 하나하나의 단어는 단순한 뜻풀이에 불과하기 때문에 암기가 쉽지 않아. 그러나 문장은 이야기의 구조를 갖고 있기 때문에 쉽게 익힐 수가 있다는 말이야."

승우 형은 느닷없이 벽돌 얘기를 꺼냈다.

하나하나의 단어가 벽돌이라면 그 벽돌을 쌓아 만든 벽은 문장이며, 완성된 집은 한 편의 문학작품이라고 했다. 그런데 벽돌을 많이 가진 사람이라고 해서 누구나 집을 지을 수는 없다는 것이었다.

"그러니까 문장을 익힌다는 것은 벽돌만 구하면 언제든 원하는 모양의 집을 지을 수 있는 능력을 갖추는 것이라는 말이네?"

"바로 그거야!"

"……."

"이를테면 '나는 소년이다' 라는 문장 하나를 제대로 알고 있는 사람이라면 '학생', '한국인', '축구선수' 등 자신이 원하는 표현을 얼마든지 할 수 있지 않겠니?"

승철의 고개는 자신도 모르는 사이에 끄덕여지고 있었다.

078 알고 있는 문장 활용하기

079
외국인과의 대화를 두려워하지 말자

　승철이는 스스로 수학뿐만이 아니라 영어에도 엄청난 약점을 갖고 있다는 사실을 깨닫기 시작했다.
　"영어도 수학 못지않게 어려워!"
　"어렵다고 생각하면 한없이 어려울 수밖에 없는 거야."
　"뭔가 좋은 방법이 없을까?"
　승철은 은근히 승우 형의 특별한 대답을 기다렸다. 하지만 영어를 배우는데 특별한 방법이 있을 리가 없었다.
　"영어를 배우려면 용감하고 무식한 방법이 최고라는 말이 있어."
　"영어하고 무식하다는 건 전혀 어울리지 않은 말 아닌가?"
　"영어를 배우기 위해서 무식해지라는 말이 아니라, 외국인을 만나면 무식하리만치 용감하게 다가서서 대화를 나누라는 얘기야."

"서로 말이 잘 통하지 않으면 창피하잖아?"

"그래서 나온 말이 바로 용감함과 무식이야."

우선 '나는 한국인이다. 그러니 영어를 잘하지 못한다고 해서 부끄러울 것이 없는 사람이다!' 라고 마음을 다잡은 뒤 내가 하고 싶은 말을 쏟아내 보라는 것이었다. 상대방이 알아들으면 다행스러운 일이고, 아니면 그만이라는 생각으로 얘기를 나누다 보면 의외로 통하는 부분이 생긴다고 했다.

"상대방이 외국이라면, 그 사람 입장에서는 너도 외국인이야. 그러니 말이 통하지 않는 것은 너무나 당연한 일이지."

"아, 그러니까 서로 외국인끼리 무작정 부딪혀 봐라, 이 말이네."

"그렇지. 아주 용감하게……"

승철이는 용기가 생겼다.

승우 형 말대로 한국인이 한글을 제대로 모른다면 창피한 일이지만, 영어를 모르는 것은 너무나 당연한 일이라고 생각하자 가슴 한쪽에서 힘이 불끈 솟는 것이었다.

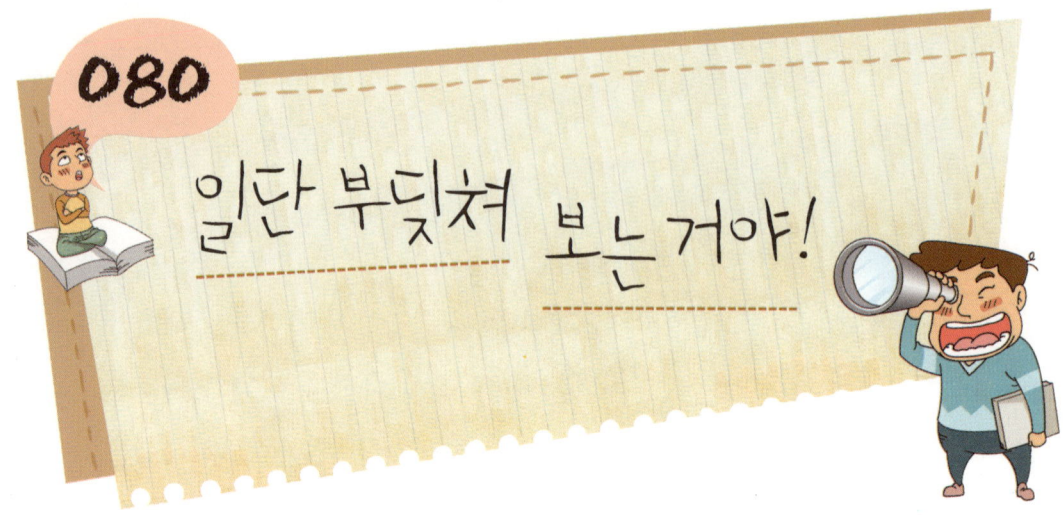

080 일단 부딪쳐 보는 거야!

　승우 형 말에 따르면 자신의 생각을 상대방에게 전달하는데 반드시 언어가 필요한 것은 아니라고 했다. 결국 언어가 통하지 않아도 내 의사를 전달할 수 있다는 것이었다.

　"언어 말고 어떤 방법으로 내 생각을 전달할 수 있는데?"

　"우선 눈빛을 들 수 있겠지? 그것 하나만으로도 네가 어떤 기분인지 상대방이 금세 눈치챌 수 있을 걸?"

　"어, 정말 그렇네?"

　"그리고 손짓 발짓과 몸짓으로도 내 생각을 상당부분 전달할 수 있잖아?"

　"맞아, 그렇구나!"

　"자신을 표현하는 방법이 어디 그 뿐이겠냐?"

　"그러니까 말이 되든 말든, 무조건 부딪쳐보라는 말이네!"

"그렇지. 좌충우돌하며 뒤섞이다 보면 실수도 하게 되고, 그런 가운데서 많은 것을 배울 수 있다는 거야."

"형은 외국인들을 만나면 어때?"

"사실은 나도 아직 많이 떨려. 막상 외국인이 말을 걸어오면 무슨 말부터 해야 할지 몰라 버벅거리기도 하고……. 다행히 우리 학교에 미국에서 온 현지인 영어선생님 한 분이 계시는데, 그 선생님이랑 얘기를 나누다 보니 점점 좋아지고 있는 것 같기는 해."

"우와, 부럽다!"

"네가 고등학생이 되면 나보다 더 잘할 수 있을 거야."

"형, 정말로 그렇게 생각해?"

"그럼! 넌 네가 얼마나 영특한 아이인지 모르는 모양이구나?"

승철이는 형 몰래 씨익 웃었다. 공부 잘하기로 소문난 형의 칭찬에 어깨가 으쓱해지는 것만 같았다.

081 외국인에게 길 안내하기

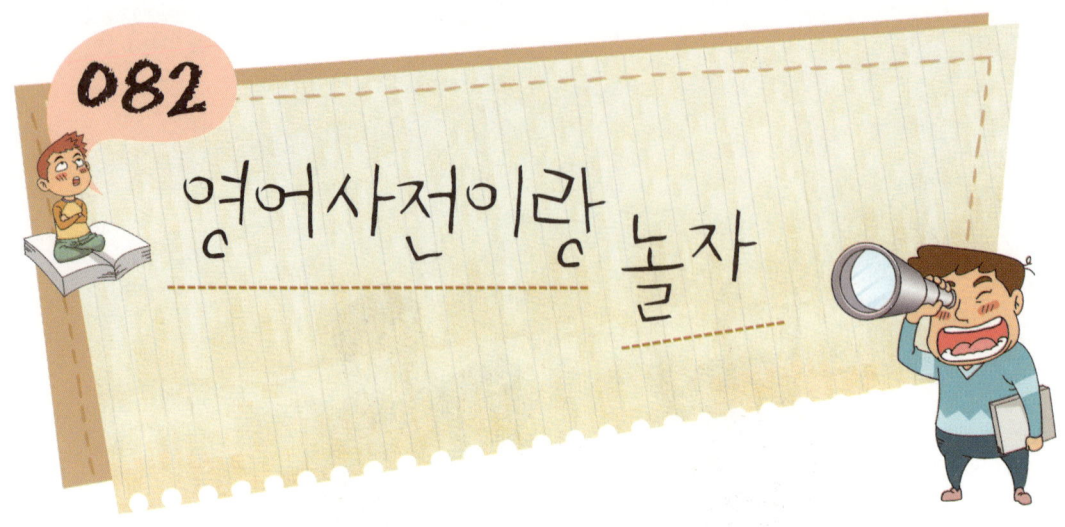

082 영어사전이랑 놀자

영어는 단어보다 문장으로 익히는 것이 바람직하다고 했던 형이 갑자기 영어사전 얘기를 꺼냈다. 승철이는 은근슬쩍 말을 바꾸는 승우 형을 곱지 않은 눈초리로 쳐다보았다.

"언제는 문장으로 익히라고 해놓고선, 이제 와서 영어사전은 또 뭐야?"

승철의 날카로운 눈빛을 의식한 승우 형이 움찔했다.

"그래서 그렇게 눈동자에 힘이 들어갔니?"

"그럼, 당연하지."

"당연하다니?"

"하나도 힘든데, 두 가지를 어떻게 동시에 할 수 있겠어?"

승우 형은 길게 한숨을 내쉬었다.

승철이는 기분이 몹시 좋지 않았다. 형이 내뱉은 한숨의 의미가 아무리 좋게 해석해도 '한심하고 답답해서 미치겠다'라는 뜻을 벗어날 수가 없었기 때문이었다.

"그렇다면 한 가지 물어보자."

"얼마든지 물어보셔!"

승철이의 대꾸가 공손할 리가 없었다. 하지만 승우 형은 그런 동생의 태도에 그다지 신경을 쓰는 것 같지 않았다.

"집 짓는 기술은 있는데, 벽돌이 없다면 집을 지을 수 있을까?"

"벽돌이 없는데 어떻게 집을 지어?"

"바로 그거야."

"뭐가?"

"단어는 곧 벽돌이라고 했잖니? 여행 중에 만난 외국인이 너를 일본인으로 착각하고 자꾸만 일본에 관한 얘기를 하는데, 네가 만약 korean이라는 단어를 모르고 있다고 생각해봐. 너 같으면 어떻게 하겠니?"

"단어를 외우는 수밖에 없네, 뭐!"

"앞에서 말한 문장 암기하기는 영어의 기본 틀을 통째로 익혀야 한다는 것이고, 지금 말하고 있는 단어는 그 이전의 기본에 해당되는 사항이야."

승철이는 더 이상 할 말이 없었다.

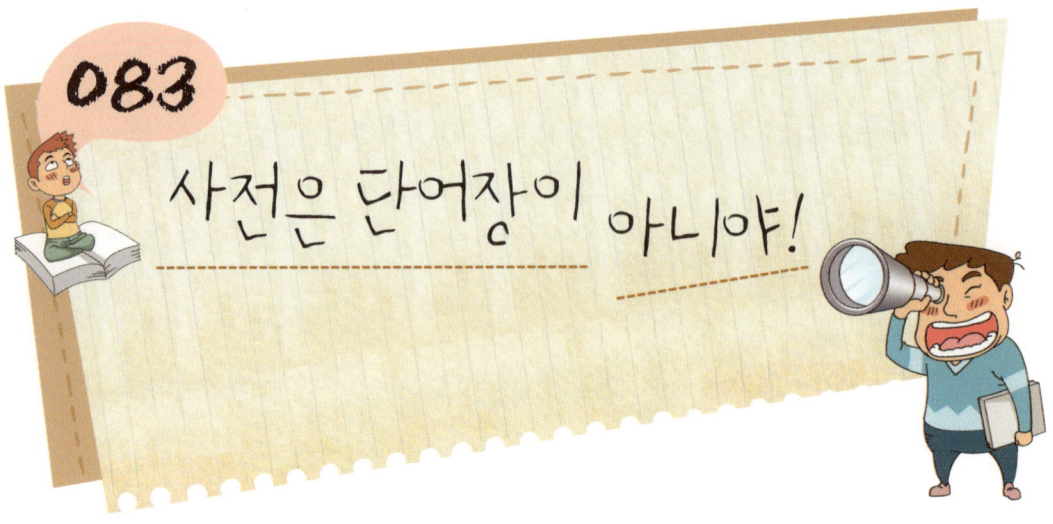

083 사전은 단어장이 아니야!

 승우 형에 따르면 사전은 오직 단어만 잔뜩 담고 있는 책자가 아니라고 했다. 두 개 이상의 단어가 결합해 하나의 뜻을 나타내는 숙어도 있고, 각각의 단어만으로는 도저히 해석할 수 없는 관용구에 대한 풀이도 있다고 했다.
 "허억! 관용구라는 건 또 뭐야?"
 "관용구라는 말, 아직 안 들어봤니?"
 "모르니까 물어보지!"
 승우 형이랑 얘기를 할수록 어려운 말들이 툭툭 튀어나와 대화를 방해하고 있었다. 하지만 형이 모르는 건 무조건 물어야 한다고 했으므로 그때그때 질문을 하는 것 또한 익숙해지고 있는 중이었다.
 "우리는 보통 아주 쉬운 일을 할 때 '식은 죽 먹기'라고 말하잖

아. 그리고 상대방의 기세를 누르고 우위에 섰을 때는 '콧대를 꺾었다'고 하지."

"아무리 내가 초등학교 5학년이지만 그 정도의 속담은 알고 있다고!"

"그래, 맞다. 속담이 그 대표적인 예라고 할 수 있겠구나. 속담처럼 문법적인 의미와는 전혀 다른 뜻으로 통용되는 구절들을 관용구라고 하는 거야."

"아, 그렇다면 한자에서 자주 나오는 사자성어 같은 것도 관용구에 해당되는 것들이겠네?"

"그렇지. 이제 우리 승철이의 이해력도 일취월장하는구나."

"하루가 다르게 발전한다는 뜻의 '일취월장'도 관용구잖아?"

승철과 승우는 얼굴을 마주보고 큰 소리로 웃었다.

084 사전이랑 친구하기

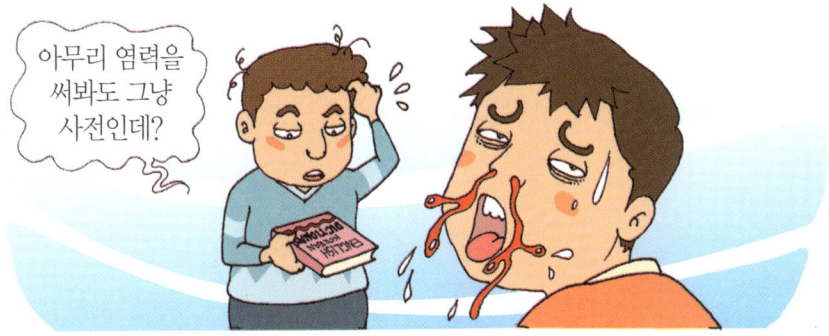

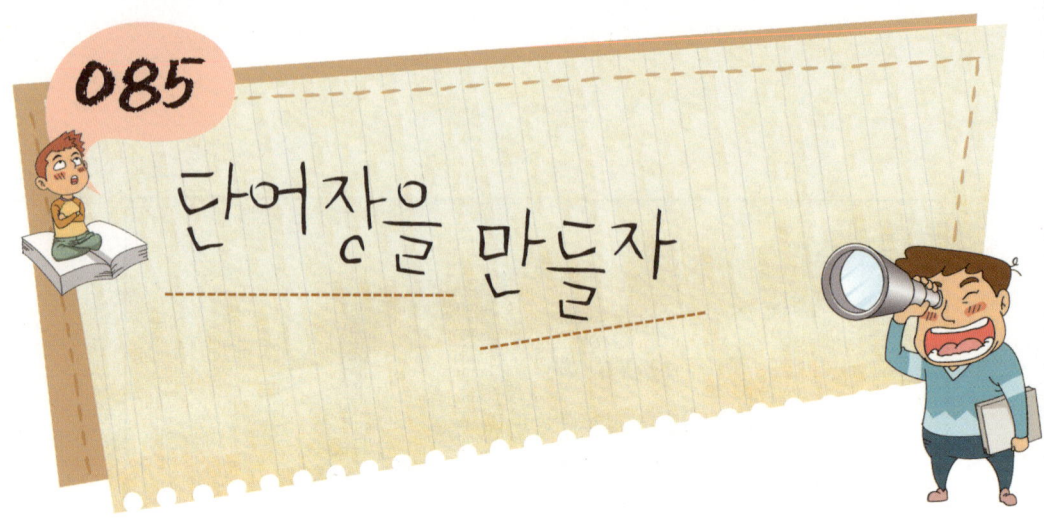

085 단어장을 만들자

　무조건 사전을 부둥켜안고 산다고 해서 영어사전이랑 친해지는 것은 아니었다. 승철이의 경우는 오히려 더 혼란스럽기만 했다. A부터 Z까지 비슷한 단어들이 순서대로 적혀있기 때문에 혼돈이 생기는 것이었다.
　"그래서 단어장을 만드는 거야."
　"단어장이라니?"
　"네게 필요한 단어들을 적어두는 메모장 말야."
　"어휴, 어떻게 된 게 모든 과목마다 메모장을 한없이 만들어야 하나?"
　"그럼, 제대로 된 공부하기가 노는 것만큼 쉬울 줄 알았니?"
　"그건 아니지만……."
　승우 형은 반드시 단어장을 만들라고 했다. 우선 큰 노트 한 권을 준비한 다음 매 페이지마다 절반으로 나누어 한쪽에는 단어를 적고, 나머지 부분에는 그 단어와 관계되는 다른 단어나 숙어, 그리고 동의어나 반대어 등을 적어 두면 영어 공부를 하는 데 결정적인 도움이 된다는 것이었다.

"형은 어떻게 했어?"

"나는 당연히 네게 지금 설명한 대로 했지."

형은 자상한 말투로 승철이의 이해를 도와주었다. 이를테면 mother이라는 단어를 사전에서 찾으면 다음과 같은 내용들이 그 단어 뒤에 붙어있다고 했다. 단어뿐만 아니라 그것들을 잘 메모해서 활용하라는 것이었다.

mother 1. 어머니, 모친, 의붓어머니, 계모, 양모 / 2. 수녀원장 / 3. the mother 모성애 / 4. the mother 본원, 근원, 출처 / 5. 할머니 〈노부인에 대한 Mrs.에 해당함〉

I bought a present for my mother.(나는 어머니에게 선물을 사드렸다) / He shows the greatest devotion to his mother.(그는 어머니에 대한 효성이 지극하다) / You're the picture of your mother.(너는 네 엄마를 쏙 빼 닮았어)

"자, 이제 이해가 되니?"

"귀찮긴 하겠지만 영어 공부에 도움은 충분히 되겠네, 뭐!"

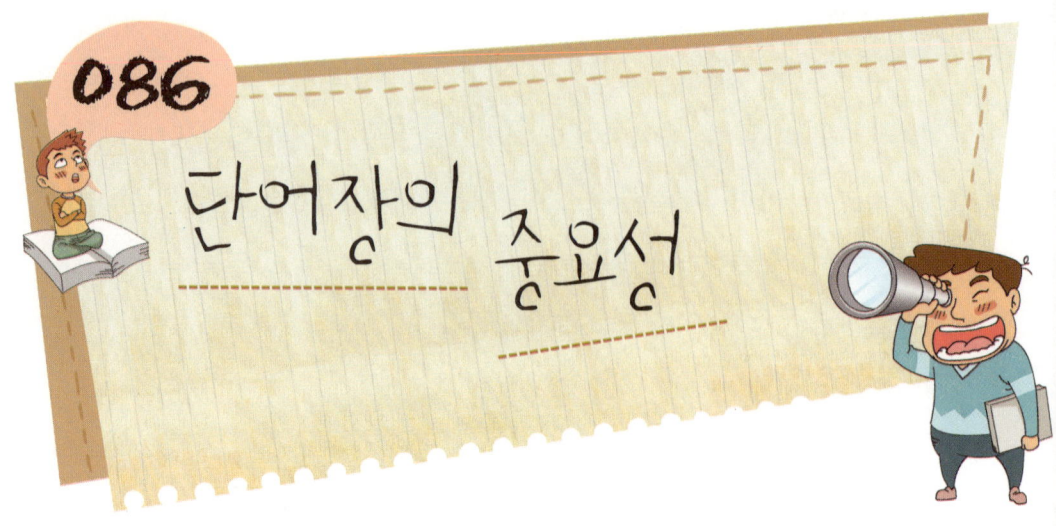

단어장의 중요성

"또 다른 단어를 한 번 찾아보자."

승우 형은 mother와 대비되는 개념을 가진 Father을 찾았다. 그러자 사전에는 다음과 같은 긴 내용이 적혀있었다.

1. father 아버지, 부친, 부성애 (호칭으로서) 아버지《구어》
   시아버지, 장인, 의부, 계부, 양부
   Like father, like son.《속담》그 아버지에 그 아들, 부전자전
2. 아버지로 숭상받는 사람, 보호자, 후견인
   the father of his country 국부
   a father to the poor 빈민의 아버지
3. Fathers (초기그리스도교의) 교부(敎父)
4. the Father 하느님 아버지, 천주(God)

5. [보통 pl.] 조상, 선조(a forefather)

   sleep with one's fathers 죽어있다(be dead)

6. 시조, 창시자, 발명자, 원조(a founder)

7. [존칭으로서] 신부(神父), 수도원장, 고해신부, 지도적 인물

   the Fathers of the House (of Commons) 최고참의
   (하원) 의원들

   fathers of a city 시의 장로들(city fathers)

—vt.

1. …의 아버지가 되다, (아버지로서) 〈자식을〉보다
   《아버지로서》(beget);…에게 아버지 노릇을 하다, 보호자가
   되다.

   He fathered two children. 그는 두 아이의 아버지가 되었다.

2. 일으키다, 창시하다, 계획 등을 시작하다

"우리가 일반적으로 아버지라고만 해석했던 father라는 단어의 뜻이 얼마나 다양하게 사용되는지 이제 알 수 있겠지?"

"그래, 알았어!"

하지만 승철이는 온몸에 기운이 쏙 빠지는 듯한 느낌이 들었다.

087 단어장 활용법

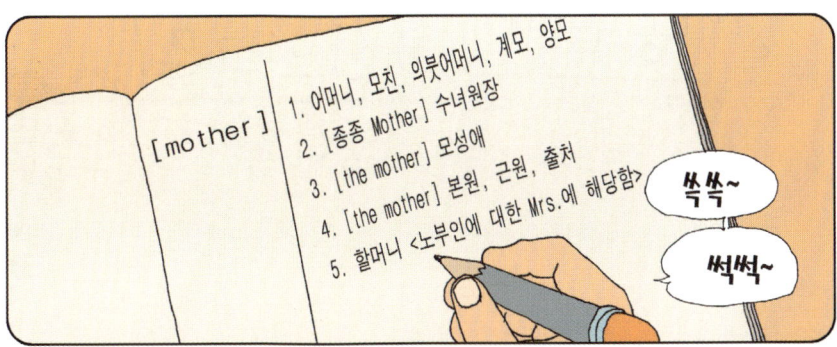

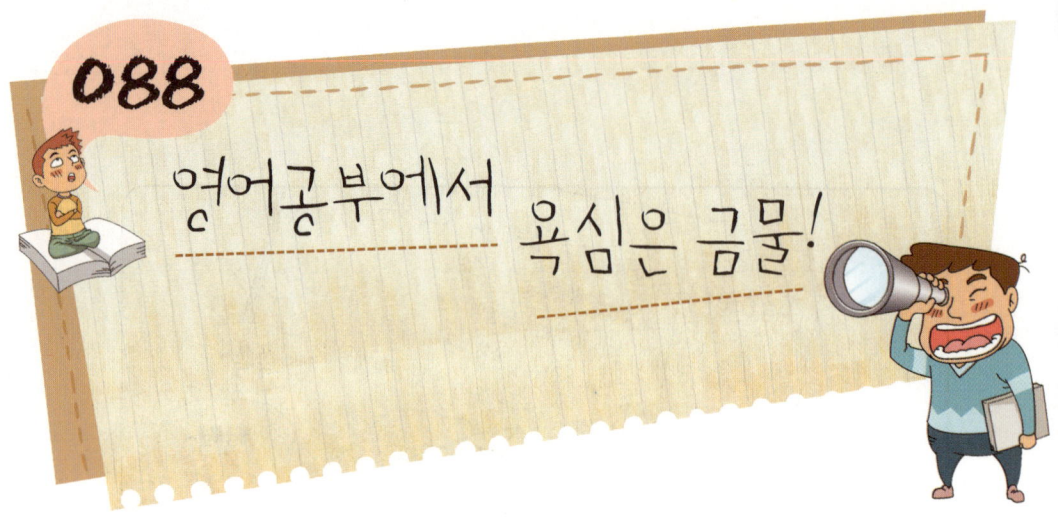

088 영어공부에서 욕심은 금물!

어떤 방법을 선택해서 영어공부를 시작하든, 가장 중요한 것은 끈기를 갖고 꾸준한 노력을 경주해야 한다고 했다.

"처음부터 짧은 시간 내에 영어를 정복하고 말겠다는 생각처럼 무모한 시도는 없어."

"열심히 하면 그렇게 될 수도 있잖아?"

"너 말야, 지금 우리말을 배운지 몇 년이나 되었지?"

"글쎄, 태어나면서부터일 테니까, 십 년이 조금 넘었겠지?"

"그렇다면 십 년이 넘도록 우리말을 익혔는데, 너 스스로 잘하고 있다고 자신할 수 있어?"

"아, 아니야. 천만에!"

"우리말도 그러한데, 외국어인 영어는 더 힘들지 않겠니?"

승철이는 더 이상 대꾸할 수가 없었다. 승우 형은 그런 승철이의 두 손을 꼭 잡으며 차분하게 말을 이었다.

"외국어 공부는 갓난아이가 말을 배울 때와 같다고 말하는 것이 가장 옳은 표현일 거야. 너와 나 역시 한 달이나 두 달, 아니 1년이나 2년 동안 배워서 우리말을 유창하게 구사하게 된 것은 아니잖니. 게다가 지금도 계속 배우고 있는 중이고……."

"그래, 맞아. 우리말에도 아직 뜻을 모르는 단어가 많잖아!"

"하지만 내 영어 실력이 형편없다고 해서 겁을 먹거나 걱정할 필요는 없어. 외국인들이 우리말을 잘하지 못하는 것처럼, 우리 역시 처음에는 그럴 수밖에 없는 거니까 말야."

"알았어. 명심할게."

승철이는 승우 형의 말에 동의하지 않을 수가 없었다.

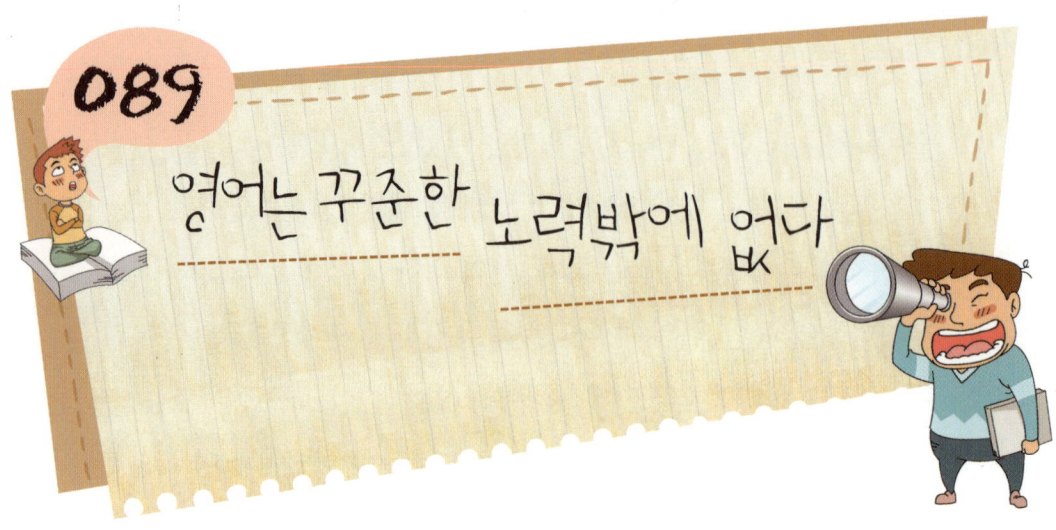

089 영어는 꾸준한 노력밖에 없다

　모든 공부가 다 비슷하지만, 영어처럼 인내심을 요구하는 공부는 없다고 했다. 끊임없이 하지 않으면 절대로 성공할 수 없는 것이 영어 공부라는 것이었다.

　"그러니까 욕심 부리지 말고 꾸준하게 하면 된다, 그 말이네!"

　"그렇지. 그리고 무엇보다 스스로 영어 문장을 만들어 사용해 보는 것이 대단히 중요해."

　"내 수준에 어떤 문장을 만들어?"

　"네 수준에 맞는 문장을 자꾸 만들어 보는 거야. 우리가 일상생활에서 하는 말과 영어를 사용하는 사람들의 일상용어는 크게 다르지 않아. 어떤 언어를 구사하든 살아가는데 필요한 말은 비슷할 수밖에 없으니까……."

　"그러니까 평상시에 내가 한 말들을 영어로 만들어 보라는 거 아냐?"

"그렇지. 그렇게 해서 익힌 문장을 응용하는 방법은 이미 배웠잖아."

"그래, 알았어."

형의 설명은 계속되었다.

예를 들면 일요일에 친구들이랑 놀다가 배가 고파서 시계를 보았더니 열두 시가 되어가고 있었다. 그래서 옆에 있는 친구에게 이렇게 말했다. '점심시간이다' 그러자 그 친구는 더 놀고 싶었는지 '나는 식욕이 없어'라고 말했다면 그것을 간단한 영어 만들어 보라는 것이었다.

It is time for lunch.

I have no appetite.

승철은 고개를 끄덕였다.

하지만 그렇게 한다는 것이 결코 쉬운 일은 아닌 성 싶었다.

승철은 속으로 외쳤다.

'으아, 공부의 길은 멀고도 험하구나!'

090 간단한 문장, 영어로 만들기